背离技术
操作细节

赵信◎编

经济管理出版社
ECONOMY & MANAGEMENT PUBLISHING HOUSE

图书在版编目（CIP）数据

背离技术操作细节/赵信编. —北京：经济管理出版社，2020.6
ISBN 978-7-5096-7148-1

Ⅰ. ①背…　Ⅱ. ①赵…　Ⅲ. ①股票交易—基本知识　Ⅳ. ①F830.91

中国版本图书馆 CIP 数据核字（2020）第 093484 号

组稿编辑：勇　生
责任编辑：勇　生　王　聪
责任印制：黄章平
责任校对：张晓燕

出版发行：经济管理出版社
　　　　　（北京市海淀区北蜂窝 8 号中雅大厦 A 座 11 层　100038）
网　　址：www. E-mp. com. cn
电　　话：(010) 51915602
印　　刷：北京晨旭印刷厂
经　　销：新华书店
开　　本：720mm×1000mm/16
印　　张：12.5
字　　数：165 千字
版　　次：2020 年 9 月第 1 版　2020 年 9 月第 1 次印刷
书　　号：ISBN 978-7-5096-7148-1
定　　价：48.00 元

交易大师安德列·布殊应用背离技术

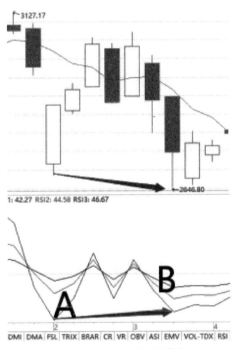

图 0-1 RSI 相对强弱指标

我们看一看 RSI 相对强弱指标，在图 0-1 中，我们看到有趣的是：RSI 图上 A、B 两点，它们距离很远，B 点高于 A 点，但是对应的价格是下行的。这是二十年来，安德列·布殊研究过千余张相似的图，发现 80% 的图会出现较大的市场波动，我们将这种情形称为"背离"。如果我们学会依据出现的背离信号来进行操作，就可能会成为大富翁。

"背离"的意思是价位向下走但技术指针却向上，这是什么意思呢？它是说：市场价格向下走了但内部强弱却上升了。让我们看一下买入的"背离"信号：B 点的 RSI 值高于 A 点，但对应的价位却是低的，这就是"背离"。假如多处在同一周期出现背离，"背离"是最好的买卖信号。

RSI 与随机指数两者提供的信号一致，若一个走势越来越强的话，记住千万不要平仓，而且要再加仓。我们现在参照一下"背离"原则，大家看到价位越低但技术指针走高，出现低位"背离"。牢记以上原则，"背离"则代表在银行中存钱了。如何提升胜率呢？综合多项技术，大多数一致。

看看 RSI 超过 90% 时出现了什么情形：当随机指数与 RSI 值都达到最高点发生反向时，是极好的高抛时机。交易得越多我们越觉得：清楚何时入市是最重要的，让我们看看这张周线图上，最主要的信号是什么？——"背离"。有谁看到"背离"信号了？这是一处，还有第二、第三处呢？仅有一处并不成功。交易大师安德列·布殊强调"背离"是很有用的，假如实际走势并未按照预期运行，就得仓位调控或止损或应变。

有一个叫"摆动率"的技术指标，实际上它也是将两条平均线进行比较。MACD 也是一种摆动线，若你看到"背离"现象，这通常是第五浪，这是峰顶，无论如何，你在任何一本书上都找不到这个理论。

交易大师安德列·布殊应用背离技术的大多数图形都保密，没有公开，仅仅做了文字表述。

前言：学好背离技术，炒股如此简单

在股市中都知道背离，但真正能看出背离的人却很少。真正看出背离来，你就掌握了买卖点。

进入 2017 年，A 股市场继续呈现慢牛特征，上证指数不知不觉站稳 3200 点，并购增发此起彼伏，打新收益依然火爆，仿佛 2013 年千千万万投资者关灯吃面的落寞已经是很久很久以前的事了。股市就是这样。在这里，散户的记忆只存在 "7 秒钟"；在这里，每天都上演着悲喜剧，三根 K 线改变信仰也绝不是夸张手法。K 线图表中价格走势的起起落落，都必然会是多空双方力量较量的真实结果。

市场分析的核心内容是什么？是识别市场趋势，即识别市场运行的大方向（趋）及主导这种大方向的力度（势）。

识别市场趋势对我们的操作有什么指导意义？能够指导我们所建仓位的方向和大小！与大趋势方向一致的头寸，相对容易获利，头寸可大一些，持有的时间也可稍长一些；而与大趋势方向不一致的头寸，量就应小一些，持有的时间也就应短一些，甚至有时尽管预期到市场的某种逆势波动也可放弃。因为，在投机市场上，一旦逆势操作又不能及时改正的话，后果就不堪设想，就如鱼儿，水肥草丰的时候出去寻食，容易达到目的，不容易觅食而又有所饥饿的时节乱动，就容易被老练的钓鱼人用甘美的鱼饵诱捕。

谚云 "看大势者赚大钱"，先哲说 "取智不如取势"，更有古训 "识时务者为俊杰"。

世间万物皆有自身的运行规律，这是一个朴素的哲学道理。就像大海的波浪，潮涨潮落无不拥有自身的规律，无不遵从自然的法则。大趋势决定小趋势，小趋势服从大趋势，学会研判大趋势是取胜的根本。

机会是宝贵的，但在投机市场上，我见到过太多的人，为了把握市场的每个可能"机会"而走捷径，不顾市场的大趋势，实际上却走了更远、更长、更艰险的路。

《曹刿论战》中说，一鼓作气，再而衰，三而竭。在股市中，任何一次重要头部和底部的形成，市场都会提供两次或两次以上的机会给我们入市或出场。

背离是两个要素的相反运动。底背离买入，顶背离卖出。例如经典量价背离。背离常常孕育着较大的变局。背离有均线与均线之间的背离，股价与均线之间的背离，股价与指标之间的背离。股价下跌，均线价上涨；股价上涨，均线价下跌，这叫股价和均线的背离。5 日均线上涨，20日均线下跌；5 日均线下跌，20 日均线上涨，这叫均线和均线的背离。股价上涨，指标下降；股价下跌，指标上升，这叫股价和指标的背离。

只有学好背离技术，才能把握入市或出场的时机。炒股如此简单！

我们时常发现市场趋势和宏观经济的时滞和背离，技术分析才是我们最有力的武器。

在几乎所有的技术指标功效中都有背离提示作用的功能，其中技术指标有 MACD、RSI 和 CCI 等，它们使投资者可以用这些指标的背离功能来预测头部的风险和底部的买入机会。

在 A 股市场中，背离作为重要的技术分析指标之一，得到了很多朋友的认可。无论你是做高频交易的短炒，还是做跟随型交易的波段套利，最想知道的莫过于什么是波段顶与波段底。在我们正式开始讲波动之前，为什么要扯一大通指标分析，因为那是每个做技术分析者的必经之路。所以，对技术指标的了解是必须的，而每个不同的指标，都有不同的使用原则，它们之间又可以作交叉验证。

散户们最常用的指标，莫过于 KDJ 与 RSI 这样的超买超卖指标，金叉死叉最初级的股民们都会，但是，多数人却不知道它们的适用条件。而 DMI 趋向指标，就是解决这个问题的。

简单来说，背离就是价格和指标之间产生了不同的走势：价格创出新高，而指标却在下降，或者是价格下降，而指标却在上升。对于股票来讲，背离的警示性作用多有预见性，多为判断股票的底部和顶部。

在平时交流中，发现很多人对于这个背离结构是不太重视的，甚至有些人还不会区分什么叫顶背离，什么叫底背离，MACD 是最多人使用、最常用、最有效的指标，背离就是 MACD 指标的精髓所在。

股票为何出现启承转合？股价为什么出现转折？转折是如何产生的？股价为何会出现背离？产生背离的原因又是什么？背离的时空之间有什么规律？

这个世界没有无缘无故的爱，也没有无缘无故的恨。正所谓：有果必有因。因果论不仅适用于人的为善为恶，也适用于一切事物的发展变化。

那么，股价变化的背后必然隐藏着投资者的各种原因。

仔细读一下《曹刿论战》。

（1）一只股票的主力控盘程度高，后市才可以涨得高。因为主力全力以赴了，所谓"忠之属也"，内功扎实，"可以一战"。主力作战的基础打得好，得到了人民的拥护。

（2）一定要等到背离两次，才能确认敌人的力竭结束，我方才能反击，所谓"一鼓作气，再而衰，三而竭，彼竭我盈，故克之"。

（3）一定要等到下跌的结束迹象明显，才可以进入一只股票。"下视其辙，登轼而望之"，要看一只股票下跌的速度和形态，等到"视其辙乱，望其旗靡"时，方可追击。股票的辙，就是均线，股票的旗，就是 K 线。要等到均线已经扭扭曲曲，K 线参差不齐，才可以确认下跌的力量已竭。

《曹刿论战》从战略的角度出发，论述了战争胜利的基础，并从战术的角度出发，指出如何准确把握战机。

做股票，首先要确定主力资金控盘程度的高低（选股），其次要确认进入该股票的时机（选时）。

在应用技术指标的时候，往往会遇到期价走势与指标走势背离的现象。一旦背离的特征形成，就是一个较为明显的采取行动的信号。

一位逃顶高手的肺腑之言：一招 MACD 顶背离让我每次都逃在顶部。

1987 年美国 BEVERLY HILL 交易协会举行了一次包括股票、期货、期权三大金融商品的"美国交易冠军杯"大赛，为期 4 个月（1987 年 8 月 1 日到 12 月 1 日），参加者非常多，这时正是美国金融市场动荡最激烈的一年（1987 年 10 月全球金融风暴），瑞士籍的安德烈·布殊在这样的环境下脱颖而出，并创下了收益率为 45 倍的惊人业绩，难怪说，投机市场上总有 90% 的人是长期向市场做奉献的，遇到这样的交易高手，普通交易者哪里是对手？股灾实际上只是相对于一般交易者来说的，而对于少数交易高手，简直是天赐发财良机。

安德烈·布殊常用的技术指标有相对强弱指数 RSI、量价关系、趋势线、移动平均线、动量指标、背离，而且他认为"各种数据是相互关联的，就如同一个时钟，其各个齿轮要相互配合才能转动。不过，这些数字决定了我们的预测"。"我的工作要求我将一切机会、可能、信号、因素都联系在一起综合考虑，我会将所有我应用的技术指标，用 20 年积累的数据验证一下，假如做交易时只凭借一种指标的话，大部分时间赚不到钱。正如我所说的，如果大多数情况下损失的话，逆着你所观察到的买卖信号交易反而有钱赚"。

每个指标都有其存在的意义，是前人经过钻研验证的理论，有一定的借鉴和参考价值。炒股不一定要每种指标都做到精，只要掌握一种适合自己的方法，精通它，同样可以找到牛股，让自己赚到钱。

背离之于炒股的重要性，在于用其判断顶底和趋势的反转。炒股之利器，不可不用。

大多数交易者认为背离就是单纯的抄顶和抄底，这里本书给大家分享背离非常经典的用法，而且能熟练掌握并把握门道背后的细节就能够赚钱！

本书共有八章，分别是：背离的简要概述、MACD 指标背离操作细节、KDJ 指标背离操作细节、RSI 指标背离的操作细节、CCI 指标背离的操作细节、量价背离的操作细节、把握好背离与背驰不同之处、背离交易策略。

编者 QQ：963613995，微信号：qian15201402522。

目　录

第一章　背离的简要概述 ·· 1

不管是 K 线理论，还是波浪形态、缠论，均不约而同地强调"价格走势与其他指标的背离"这样一种大力度的转折模式，那么，交易者就会问，背离的内涵是什么？其代表了一种什么样的意义？

一、背离的形态原理 ·· 1

二、背离的形式、性质和级别 ·· 5

三、背离产生的原因 ·· 9

四、如何理解背离现象 ··· 12

五、修复性的背离 ··· 13

六、背离现象的时效性 ··· 14

七、背离与趋势演变过程 ··· 16

八、波浪理论与背离 ··· 19

第二章　MACD 指标背离操作细节 ···························· 23

MACD 是比较基础的一个指标，MACD 背离也是极其常用的一个战术，而且非常有效。MACD 是知名的趋势性指标，其最主要特点就是稳健性，而指标背离原则是整个 MACD 运用的精髓所在，这也是指标准确性很高的地方。高手们通常运用 MACD 来判断大盘的走势与方向，所以说非常准确，尤其是如果能将 MACD 的顶底背离巧妙使用，就可以完美地躲避每一次暴跌，抄底每个机会。

一、MACD 背离 ··· 23

二、MACD 技术指标的简述 ··· 26

三、MACD 背离常见的四种形态 ·················· 31

四、MACD 顶底背离运用法则 ·················· 34

五、如何判断 MACD 的背离 ···················· 39

六、MACD 背离交易法则 ······················ 44

第三章　KDJ 指标背离操作细节 ·················· 47

KDJ 指标被叫作随机指标，也可以叫作顺势指标。因为 KDJ 指标强调的是拐点，因而其优点就是对价格未来的走向和变动比较敏感，特别在周线图中，通常能够给出较为明确、可靠的交易信号。

一、KDJ 的背离现象操作意义 ···················· 47

二、KDJ 背离判断的简单方法 ···················· 50

三、KDJ 指标的四种经典背离形态 ·················· 50

四、KDJ 指标的顶底背离陷阱 ···················· 54

五、KDJ 指标使用技巧 ························ 55

六、KDJ 顶背离的实战用法 ···················· 62

第四章　RSI 指标背离的操作细节 ·················· 67

在所有的背离中，最简单有效的背离是 RSI 背离。RSI 即相对强弱指标，又叫作力度指标，它是目前股市技术分析中比较常用的中短线指标。它可被称为指标之王。基本应用方法是，RSI 参数 80 附近表示为超买状态，20 附近表示为超卖状态。

一、RSI 背离现象 ·························· 67

二、RSI 曲线的形态 ························ 70

三、RSI 指标在实际操作中的应用技巧 ·············· 76

四、顺势背离和逆势背离的操作技巧 ················ 78

五、运用 RSI 背离交易反转 ···················· 81

六、RSI 指标底背离买入法 ···················· 82

第五章　CCI 指标背离的操作细节 ································ 85

CCI 背离抄底是其中的绝技之一。CCI 指标又被称为顺势指标，是一种重点研判股价偏离度的股市分析工具，属于超买超卖类指标当中的一种。而它又不同于 KDJ、WR% 等大多数超买超卖指标存在钝化现象，CCI 指标却是波动在正无穷大到负无穷大之间，所以不会产生指标的钝化，这样有利于交易者更好地研判行情，尤其是那些短期内暴涨暴跌的非常态行情。

一、CCI 指标的背离 ································ 85

二、CCI 指标研判标准 ································ 87

三、CCI 背离的买卖技巧 ································ 91

四、CCI 底背离买入研判 ································ 97

第六章　量价背离的操作细节 ································ 101

在震荡市中，个股出现了明显的分化行情，有的股票升到了半空中，有的股票却躺在地板上，按照股价运行区间的不同，K 线形态出现不同的走势，而量能与股价的配合度也便成了我们预判行情的重要指标。量价关系是一种最基本的看盘技巧，通常来说，股价运行到顶部或者底部时，量能将展现出买卖双方成交意愿最真实的一面，我们可以据此看出量价是否配合或者背离，从而预判股价将来的走势。

一、量价背离及其主要类型 ································ 101

二、量价背离的原因解释 ································ 104

三、量价背离的应用 ································ 106

四、量价背离常见的一些疑问 ································ 108

五、量价背离与"双峰"分析 ································ 112

六、日 K 线的量价背离卖出技巧 ································ 114

七、量价背离的交易法则 ································ 117

八、分时图量价背离操作策略 ································ 119

第七章　把握好背离与背驰不同之处 ································ 123

背离是背驰的前奏与预演，而背驰就是趋势的最后那一次背离。无论趋势的背离发生多少次，趋势终归会有最终结束的时候。由于行情的最后那一次背离就是背驰，那么，理论上只要找到了趋势的背驰点，就找到了趋势反转最为关键的节点，也就是实际操作中的最佳买卖点。

所以，操作的核心就是由寻找背离点最终上升到寻找背驰点。

一、背离与背驰有什么区别 ···················· 123

二、关于背驰的概念 ···························· 127

三、背驰的主要类型 ···························· 129

四、背驰的判断要点 ···························· 132

五、趋势背驰后的三种情况 ···················· 134

六、盘整背驰后的分类 ························· 138

七、小背驰—大转折定理 ······················ 139

八、如何理解"背了又背"的含义 ·············· 141

第八章　背离交易策略 ·················· 143

有一种操作方式叫作背离交易。概括来说，背离能够通过比较价格走势和一些指标看出来。这些指标包括：MACD、RSI、KDJ、CCI 等。背离最伟大的地方在于你可以把它们当作是一个领先指标，经过一些练习，就不难识别它们。如果交易得当，你就可以运用背离持续盈利。而关于背离最棒的地方在于你将经常买在较低位置，卖在较高位置，从而让你的交易风险相对很低。

一、如何辨别指标背离的真假 ·················· 143

二、背离交易的九条规则 ······················ 145

三、如何用背离判断各周期顶底部结构 ········· 147

四、利用"上下背离"的买入法则 ·············· 152

五、背离的运用法则 ·························· 153

六、背离技术先长后短的应用法则 ·············· 162

七、背离战法判断顶和底 ···················· 165

八、运用 CCI 背离配合平均线进行抄底 ········· 168

九、背离周期应用案例 ························· 170

十、安德烈·布殊的背离战法 ··················· 174

第一章 背离的简要概述

不管是 K 线理论，还是波浪形态、缠论，均不约而同地强调"价格走势与其他指标的背离"这样一种大力度的转折模式，那么，交易者就会问，背离的内涵是什么？其代表了一种什么样的意义？

一、背离的形态原理

1. 背离的定义

什么是背离？按照词语解释，背离是脱离原先的、通常的、正常的或者公认的轨道。以形象的比喻来说，则是一帮人顶着重物向上走，而顶到某处之后，显现出后继无力，力量衰减的方向跟物体运动的方向相反。一直到这种情况反复出现几次，最后人们都使不出劲了，那么重物是不是就要掉下去了。

最基本的要素是，价格创新高或者新低，而指标却没有在这个时候创出新高或者新低。价格的走势与指标的走势出现了一定的背驰（相反）现象。有时候甚至出现价格不断上升或者下跌，而指标却不断下跌或者上升的情况。通常把这种现象称为背离。

2. 背离的本质

简单来说，背离则是价格与指标之间产生了不同的走势。价格创出新高，而指标却在下跌，或者是价格下跌，而指标却在上涨，总的来说，由于某些因素，导致了指标无法和价格形成同步。那么是什么导致了这样的情况呢？

图 1-1 中想要表达的最核心内容是：尽管价格还在上升，然而速率或者说加速度开始放缓了，力度不如以前了。若不看指标，只看图形，我们所要找的是趋势，而指标给予了我们除了趋势以外，价格之后的核心，则是加速度。

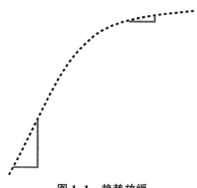

图 1-1　趋势放缓

从图 1-1 中，大家也能够看出，加速度的放缓并不代表趋势会马上停下来。就好像人在跑步中，被绊了一下，一定要踉踉跄跄许多下，最后摔倒。因此，提醒交易者，背离不能代表趋势会马上停止，它仅仅是一个现象、一个提示以及一个信号：趋势放缓，有可能会停止。

3. 背离的原理

背离分顶背离和底背离两类。底背离是指股价创新低，指标不创新低。顶背离则反之。

例如，若股价在上涨过程中一顶比一顶高，而 MACD 的 DIF 线（白线）一顶比一顶低，即顶背离，反之则是底背离。

背离出现的情况越多，股价趋势反转的可能性越大。通常来说，产生三次背离，99%的可能会出现反转。2009 年 11 月的大盘反转（由下挫转为向上），是由于在 2008 年的 7 月、9 月和 11 月产生了连续三次背离（MACD 的底部三次顺序抬高）。

与其他指标系统一样，背离的操作也要顺大趋势而为，假如逆大趋势而为，所捕获的背离极可能是一个不成功的背离形态，也就是经常说的假背离，假背离只是对大趋势的一种修正而已，是走不远的。操作上无论任何时候，必须记住四字诀"稳、忍、准、狠"。

下面运用 MACD 进行背离的指标加以分析，涉及三个方面的内容：黄白线高度、红绿柱高度、红绿柱面积。这里可以把背离原理简要地概括为如下哲学逻辑：变—不变—变。第一个变是指股价变化，创阶段新高或阶段新低；第二个不变是指 MACD 指标不同步变化，或朝相反的方向变化；第三个变则是指因为出现了第二个不变，再次引起第一个股价的变化。从这个角度而言，走势正是在 MACD 三大指标的变—不变—变的循环中实现上涨与下跌的轮换的。

分形所表明的是"一笔"走势中上下两个点对走势转换的意义，而背离则揭示了最小的走势单元——"三笔"走势中趋势发生逆转的直接原因。此外，在 MACD 指标中，除了黄白线高度、红绿柱高度、红绿柱面积三大要素之外，MACD 黄白线相对于 0 轴的位置也是我们判断走势强弱的重要依据，具体来讲：黄白线位于 0 轴之上，则走势较强；黄白线位于 0 轴之下，则走势较弱。

图 1-2 中显示了以 MACD 为指标的背离体系中的三种判断方式：黄白线的高度，更加准确地表达为黄白线离开 0 轴的距离，图中显示为 h1、h2；红绿柱的高度，红绿柱离开 0 轴的距离，图 1-2 中显示为 H1、H2；红绿柱和 0 轴围合而成的面积，图 1-2 中显示为 a1、a2。

依据背离的定义，由于有所谓的"新高或新低"，因而就必然涉及如何比较的问题，也就是哪一段与哪一段的比较。一般情况下，只要有三段走势，并且第一段与第三段走势方向相同，就可以进行走势力度的比较。当然，最少必须有三段走势才可以进行背离的比较。例如上涨+下

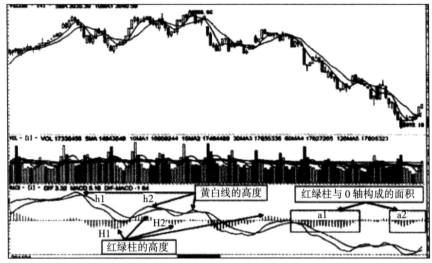

图 1-2　以 MACD 为指标的背离

跌+上涨，前后两段的上涨就可以进行比较，后面一段创新高的上涨力度
小于前面一段上涨的力度，说明走势出现了背离；上涨+盘整+上涨，前
后两段的上涨也可以进行比较，后面一段创新高的上涨力度小于前面一
段上涨的力度，也同样说明走势出现了背离。同样在"下跌+上涨+下跌"
或"下跌+盘整+下跌"构成的走势中，两段下跌的走势也可以相应地进
行走势力度的比较。

　　由于走势类型分上涨、盘整和下跌三种，背离意味着某一级别走势
的阶段性底部或者阶段性顶部的形成，上涨的终端意味着阶段性顶部的
形成，下跌的终端意味着阶段性底部的形成，因此，对应的背离形态可
以分为顶背离、底背离和盘整背离三类。在上涨的过程中，相邻的两个
上涨波段相比，例如在"上涨+盘整+上涨"中的两个上涨波段，后一波
的上涨相对于前一波的上涨创下阶段性新高，但下面的 MACD 指标却显
示不创新高，或者上涨的力度变小，则形成顶背离形态。在下跌的过程
中，如果在"下跌+盘整+下跌"的走势中，第二个下跌波段的股价创阶
段性新低，但 MACD 指标却显示不创新低，下跌的力度变小，则形成底

背离形态。在盘整走势中，如果盘整的方向是向上的，而 MACD 指标向下，这种形式类似于顶背离形态；如果盘整的方向是向下的，而 MACD 指标向上，这种形式类似于底背离形态。这两种背离可以合称为盘整背离。盘整背离事实上是背离的一种特殊形态，其判断的方式与顶背离和底背离一致。顶背离意味着阶段性顶部的形成，趋势的阶段性回调不可避免；底背离意味着阶段性底部的形成，趋势的阶段性上涨机会形成；盘整背离的出现意味着盘整趋势将得到延续。

二、背离的形式、性质和级别

背离是发生在阶段顶部（或者底部）之间，价格与设计反映其波动特征的一些随机（摆动）指标之间不一致（相互间认同上的差异）的一种现象。

背离分析只有在价格的阶段顶部之间或者阶段底部之间时，才有意义。

不同的时间框架，价格的阶段顶部或者阶段底部的含义不同，由此，引申出背离的价格范畴不同，价格对背离形态反映后，波动的程度也不同。

下面介绍的是背离的形式、性质和级别。

1. 背离的形式

按照股价所出现的位置可以分为顶背离与底背离。在底部与顶部区域市场出现不同方式的背离。背离的方式主要有如下四种：

（1）有时候，当价格朝上波动时，形成了具有新高点的阶段顶部时，对应的指标并没有认同，并未相应地形成新的高点，两个相邻的价格阶段顶部的连线，与摆动指标两个相邻的阶段顶部连线之间，形成了一个向右开口的角度。价格与指标之间在顶部形成的这种不一致现象，被叫作价格顶部的发散背离，如图1-3所示。

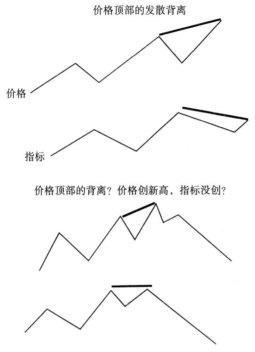

图 1-3　价格顶部的发散背离

（2）有时候，当价格朝上波动时，并未形成具有新高点的阶段顶部，而对应的指标却形成了新的高点，两个相邻的价格阶段顶部的连线与摆动指标两个相邻的阶段顶部的连线之间形成了一个向右收敛的角度。价格与指标之间在顶部形成的这种不一致现象被叫作价格顶部的收敛背离，如图1-4所示。

（3）有时候，当价格朝下波动时，形成了具有新低点的阶段底部时，对应的指标并未有认同，没有相应地形成新的低点，两个相邻的价格阶段底部的连线与摆动指标两个相邻的阶段底部连线之间形成了一个向右收敛的角度。价格和指标之间在底部形成的这种不一致现象被叫作价格底部的收敛背离，如图1-5所示。

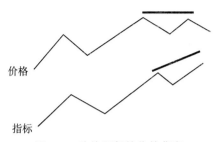

图 1-4 价格顶部的收敛背离

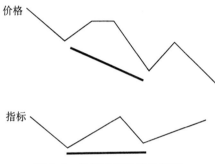

图 1-5 价格底部的收敛背离

（4）有时候，当价格朝下波动时，并未形成新低点的阶段底部时，对应的指标却形成了新的低点，两个相邻的价格阶段底部的连线与摆动指标两个相邻的阶段底部连线之间形成了一个向右开口的角度。价格和指标之间在底部形成的这种不一致现象被叫作价格底部的发散背离，如图 1-6 所示。

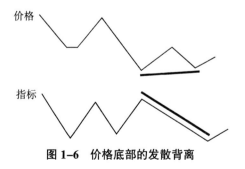

图 1-6 价格底部的发散背离

2. 背离的性质

（1）价格顶部的发散背离阶段，或者局部强势中产生，性质上，价格对之的反应是下跌。

（2）价格顶部的收敛背离阶段，或者局部弱势中产生，性质上，价格对之的反应也是下跌。

然而，这种背离形态，预示着随后的下跌受到支撑后，将引发一波对应的上涨走势，因此，也常被称为 Bull Set 形态。例如，5 浪下跌结构中，第 2、第 4 浪之间的背离就属于这种性质。

（3）价格底部的收敛背离阶段，或者局部弱势中产生，性质上，价格对之的反应是上涨。

（4）价格底部的发散背离阶段，或者局部强势中产生，性质上，价格对之的反应是上涨。

然而，这种背离形态，预示着随后的上涨受到阻击后，将引发一波对应的下跌走势，因此，也常被称为 Bear Set 形态。例如，5 浪上涨结构中，第 2、第 4 浪之间的背离就属于这种性质。

3. 背离的级别

正如股价的走势，背离也是分级别的。大级别的背离，引起大级别的趋势改变。

60 分钟级别的波浪型的底背离（MACD 出现几波绿柱），在日线级别上不过是 MACD 绿柱的逐根收敛。

这也从另一个方面说明了低级别的反转是高级别反转的条件，但低级别的反转，未必引起高级别的反转，如果高级别上没有出现背离的话。

例如，60 分钟级别上，目前上证指数出现了两次背离（MACD 逐波向上），相对应出现了两次上升（5 月 21 日和 6 月 7 日），但在日线上，不过是 MACD 的 DEA 线在零轴以下的逐渐上升，在周线上不过是逐渐缩短的 MACD 绿柱。日线和周线级别上没有出现背离，所以目前不具备反转的条件。

根据目前的情况判断，大盘日线级别的大规模反弹，要在 MACD 在日线上再一次出现绿柱之后，指数再创新低之后，并且绿柱最长的那根，不能超过上次绿柱最长的那根。此时如果出现股价上涨，则极有可能高度达 20% 以上。预计时间至少为两周之后。

三、背离产生的原因

为什么会产生背离？弄清事物背后的本质比只知道事物的现象更加重要。背离的产生从本质上来说，是股价在原有趋势不变的情况下对原有趋势的反判，也就是原有趋势力度的不断下跌，相反趋势力度的不断上涨。达到某个临界点，就会出现趋势的反转。

实际上，所有的技术指标均是通过股价（开盘、收盘、最高、最低）、成交量以及时间三个指标来计算的，并没有例外者。

若我们不看技术指标（其实真正的高手是不用看技术指标的，仅仅看成交量、价格、时间、空间）来思考背离的原因，不过是以下两点：

（1）本次下挫（上涨）在同样的幅度上，比上一波所用的时间长，用时长则角度缓，角度缓则力度下降，也就是下挫或者上涨的效率降低，单位时间内干的活少。

（2）本次下挫（上涨）在同样的角度上，时间比上波少。效率一样，然而用的时间短，说明总体力量不济（耐力不够），单位时间内干活同样多，然而持续时间更短，说明后劲不足了。

简单来说，背离的成因：大多数时候背离是由速率变化产生，少部分是由时间引发的。

图 1-7 是第一波下挫明显快于第二波下挫，这从下跌的趋势线的陡平对比就能够得出，由此造成股价与指标的背离，这是一般意义上的底

背离。

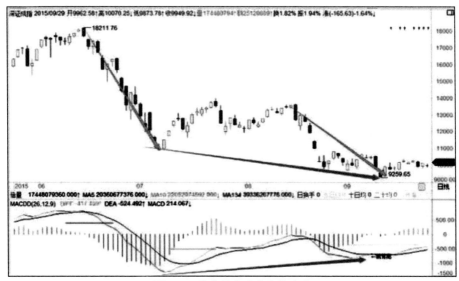

图 1-7　背离是由速率变化产生

在图 1-8 中，两段下挫的速率似乎相差不大，然而时间上后一波明显小于第一波，所以这个背离是由时间因素造成的。

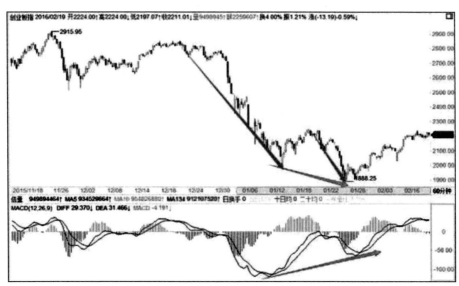

图 1-8　背离是由时间因素造成的

底背离是下上下三段中的两段下降速率或时间发生明显变化造成的，因而得出一个结论：第一次 0 轴下 MACD 金叉一般不是一个好的进场点，第二次金叉才是可操作点。

为什么一般底背往往有 2~3 次的背离市场才转势呢？原来跟波浪有关。上涨途中的调整是 3 浪，因此此时的背离只有一次。而主跌势中，通常是 5 浪下跌，由此会形成二次背离。为什么有的时候会形成多次背离呢？那是由于一段跌势走出了延长浪，在这个延长浪中形成了浪内的背离。因而得出一个结论：在调整中的操作点第一次背离（第二个金叉点）就可进场操作，而主跌浪中要第二次背离才可进场操作。

根据以上论述得知：在 3 浪或 5 浪末形成的背离才是一个好点。

图 1-9 显示：第一次金叉与第二次金叉只是形成了一个小反弹，而最后一次金叉算一个不规则的底背离，产生了明显的空间。这是第 5 子浪末，因而是一个好点。

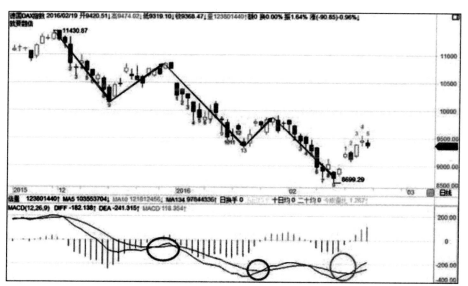

图 1-9　不规则的底背离

小结：有背离就有转折，化解背离需放量。顶背离的时候，如果出现成交量的放大，反转是一个大概率事件；底背离的时候，如果出现成交量的放大，反转是一个大概率事件。成交量会帮助我们确认反转。所以，我们在观察股票的走势时，要看它的价格、幅度（空间）、时间和成交量。四个方面缺一不可。

四、如何理解背离现象

指标产生所谓"背离"现象是技术分析当中通常能够用到的判定拐点的策略。对应到股票交易操作之中，当指标出现底部背离的迹象时则通常认为是一个技术上较好的买入时机。"底部背离=上涨"这个道理表面上看是显而易见的，然而在现实当中却很少有人能够真正理解这种"背离"的形态，更不用说在实际操作中把它用到实处。

导致这种实际差异的原因比较多，归结起来主要是如下三个：

一是由于指标的底部背离通常是在指数或者股价下挫的过程中产生，这时多数交易者仍然处于恐惧当中，并没有养成下挫买入的习惯。因而通常错失了最佳买入点。

二是多数交易者对具体指标的背离形态的理解似是而非。

三是背离的判定确认通常是动态过程，假如经验不足的话，在盘中当下无法确认。这样就导致很多人认为指标会出现"背了又背"的局面。

下面是对上述三点的理解。

首先必须明确一个重要概念，背离是指股价创新高或新低而动能却在衰减的现象。在这个定义里包含了如下四个重要事实需要注意：

（1）背离的主体是股价或是指数，也就是说，是股价或者指数发生了背离，只是在形式上需要其创新高或是新低而已。这里面甚至并不包含成交量这个因素，并非所谓"量价背离"。

（2）所谓"背离"也不是指标自身的背离。所有指标都只是度量价格背离这个事实的工具。既然是工具，就有精确度的问题。有的时候交易者发现指数并未"背离"也形成了顶部。这种现象通常是因为所选指标的灵敏度不够，从而不能捕捉到这种背离的发生而已。指数的背离实际上已经形成。

（3）背离时一定会造成股价或者指数的转折，转折也一定是由于股价的背离引起的。这两者是充要条件。这就像一个运动的物体若受到反方向的加速度的话，一定会在某个时候停止，接下来向反方向运动一样。这个停止的点就是我们对应的股价的高低点。

（4）背离的概念本身则是一种"过程量"，需要持续一段时间才会产生真正的顶点。

五、修复性的背离

修复性背离的形成原因比较简单，主要是技术纠偏与修复性，背离仅仅是因为股价在做修复性的动作时才引发背离现象。在一般情况下，修复性背离并不对股价的总体运行方向造成扭转性影响，也就是说，在某个数据值产生修复性动作而形成背离现象的过程中，股价的运行方式就会有一些变化，然而股价的总体运行方向并不会发生扭转性改变。修复性背离具有一个特点，就是它基本上均发生在一个阶段性攻击形态的中间部分，并且修复性背离持续时间一般要比顶、底背离现象长，有时会由三个以上的单顶（底）背离现象组合形成。修复性背离现象在一波趋势性的阶段行情中不一定只出现一次。有时候在比较长的攻击趋势行情过程中，会出现两次或者三次。大多数人经常百思不解的是，出现背离现象之后，股价只是形成了一些比较小幅度、短时间的波动动作，然而股价的运行方向却未发生什么变化。这则是修复性背离现象的典型表现。

实战当中，修复性背离现象多出现在上攻趋势的中部横盘震荡阶段与下跌趋势中部的横盘震荡阶段。分析判断的重点如下：

（1）上攻趋势之中，尽管出现顶部背离现象，然而横盘震荡阶段中股价的每个回落底，出现一底比一底高。重要的趋势型均线（多以中期、长期均线为主），始终保持着坚挺的向上攻击形态。当股价震荡到该均线附近的时候，技术指标通常也修复回到零轴或者回落到低位值区域。这时技术指标与股价同时出现坚决地向上攻击扭转。

（2）下跌趋势之中，尽管出现底部背离现象，然而横盘阶段中股价的重心始终在缓慢地继续朝下移动。重要的趋势性均线（也多为中期、长期均线）始终朝下延伸压制着股价。当股价震荡到该均线附近的时候，指标也基本上修复回到零轴或者反弹到高位值区域了。这时股价与指标同时出现加速向下扭转攻击。

（3）在上攻（或下跌）趋势中的修复性背离动作当中，当均线修复回到 0 轴附近，股价也靠近重要支撑或压制均线的时候，股价先快速地朝下（或朝上）击破该重要均线。接着才开始真正地向上攻击（或下跌）动作。这种先反向"引诱"一下，再开始真正攻击动作的现象，通常会"欺骗"大量的跟风者。因此，当出现这种情况的时候，看轻股价的反向动作，必须把重点放在"价穿线不穿"的要领进行仔细辨识。

六、背离现象的时效性

背离现象有一个极其重要的特点，具有时效性。也就是说，每一种背离现象在发生之后，只是在相对的时间效应的背景下对股价的波动状态造成直接影响，而超过了这个时效期，影响效果便会降低，甚至消失。

不同周期（例如分钟分时图、日、周、月等）背景下产生的背离现象，它的时效期会不一样；不同性质的技术数据之间相互产生的背离现象的时效期也不一样。背离现象通常是从 5 分钟图开始演变，依次扩展在每个图上形成的。因此，背离现象不能简单地以一个图的现象单独进行分析，而是要将各个时间周期的技术走势综合起来分析、判断，准确性才能提高。

1. 顶（底）背离现象的演变过程

（1）一般最早形成的双顶（底）背离现象是在 5 分钟图上，这时只会促使 15 分钟图上形成第一个单顶（底）。而 30 分钟图上股价走势，仅仅是出现短时间的震荡变化，60 分钟图的股价攻击趋势仍然继续。

（2）当 5 分钟图经过一段时间出现顶（底）背离现象之后，15 分钟图上就会产生背离形态中的第二个顶（底），完成了一个背离形态，这时 30 分钟会产生第一个顶（底），60 分钟图总的攻击趋势依然继续。

（3）当 15 分钟图形成双顶（底）背离现象的时候，30 分钟图上形成了一个双顶（底）背离形态，这时，60 分钟形成一个单顶（底），日线有时也会在这时形成第一个顶（底）。

（4）当 60 分钟形成双顶（底）背离形态的时候，通常会造成日线上的第一个顶（底）。然而有时候，60 分钟图与日线图同时形成双顶（底）背离形态。

当 30 分钟图和 60 分钟图上产生明显的背离现象时，基本上就要在操作上做出初次的反应了。

在以上的背离现象依次产生的时候，必须注意这样一个现象：有时会有两个周期图同时形成背离形态（例如 15 分钟线与 30 分钟线，或者 30 分钟线与 60 分钟线，或者 60 分钟线与日线），此现象是股价产生扭转时的一个加速变化的异常信号，是股价将会迅速出现重大扭转变化的警告信号，也是对技术共振现象的强烈反应，应该重视。假如经常仔细观察，就会发现在"小变化演化为大变化"的过程中，自己的技术分析能力得到了很大的提高。

2. 背离现象在各周期图上的时效性分析

如下作用时间仅仅是一种多年经验积累的平均值，实战中不可死板运用。

（1）5分钟图上的背离现象时效分析：形成在5分钟图上的背离现象作用时间通常只有2~4个小时。

（2）15分钟图上的背离现象时效分析：形成在15分钟图上的背离现象作用时间通常在4~8个小时。

（3）30分钟图上的背离现象时效分析：形成在30分钟图上的背离现象作用时间通常在8~16个小时。

（4）60分钟图上的背离现象时效分析：形成在60分钟图上的背离现象作用时间通常在16~32个小时，或者一波扭转性攻击波段的开始。

（5）日线图上的背离现象时效分析：形成在日线图上的背离现象作用时间通常在1~3个月。

（6）周线图上的背离现象时效分析：形成在周线图上的背离现象作用时间通常至少在半年以上。

七、背离与趋势演变过程

在趋势发展过程当中，往往会出现一些异常的警示性信号，例如超买信号、超卖信号、极值信号、背离信号等。其中有些信号对交易者产生误导作用，使交易者做出错误的判断和决策，或是丧失交易机会，或者造成交易损失。在很多警示性信号中，背离信号不仅经常出现，也很容易让交易者做出相反的判断。

当趋势与指标发生背离时，不要立即做出结论性的判断，而是要先对趋势的发展状态做出判别，趋势到底处于稳定的状态还是迟缓的状态，或是加速的状态，接着决定分析方法的主次选择，最后按照选定的主要分析方法做出明确分析和判断，并以此做出买卖决策。

1. 趋势

趋势到底是什么？

从 K 线形态来看，低点不断抬高的趋势就是上涨趋势；高点不断降低的趋势就是下跌趋势。

从均线形态来看，MA20 均线向上倾斜的趋势就是上涨趋势；MA20 均线向下倾斜的趋势就是下跌趋势。

在一个趋势朝另一个趋势转变的过程中，便会出现所谓的头部或者底部。头部与底部是一个区间，不是一个点。在一切的反转形态中，不等待均线走平而直接出现"V"形反转或倒"V"形反转的形态，概率是极低的。在大多数情况下，趋势的反转总要假以时日，会形成一个趋势不明的区间或者平台，这就是道氏所说的"线"。

顺应趋势的本质，说起来非常简单，假如没有足够的理由相信原有趋势已经结束，就相信原有趋势还将继续，如图 1-10 所示。

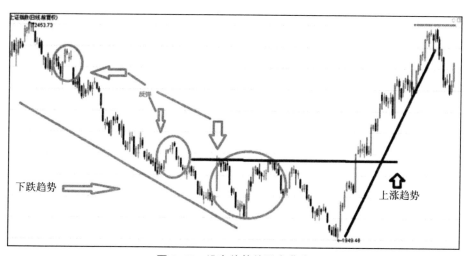

图 1-10 没有趋势就没有背离

2. 背离

背离是出现在趋势之后的，既然是出现在趋势之后，那么必须要记住：没有趋势就没有背离。

背离与趋势突破应该相互验证，背离之后再背离，而背离之后有趋势的突破胜算明显就不一样。背离与突破，就如同人的左手和右手，缺一不可。背离如果不能得到趋势突破的验证，就绝不是好的进场机会。换句话说，不是高胜算的交易机会点。背离只是表示行情的转弱，而不是行情的转势。顶背离之上还有顶背离，底背离之下还有底背离。离开趋势突破谈背离，背离就会形成无数的技术陷阱。另外，时间框架越长的背离越可靠。周线级别的背离，本身就是一种可靠性很高的信号。如果同时得到了趋势线突破的验证，胜率就在90%以上。

3. 反转点

反转点有两种：一种是一般反转点，另一种是趋势反转点。这里要分析的是趋势反转点，趋势反转点发生在背离之后，反过来也就是背离之后出现的反转点很有可能就是趋势反转点，如图1-11所示。

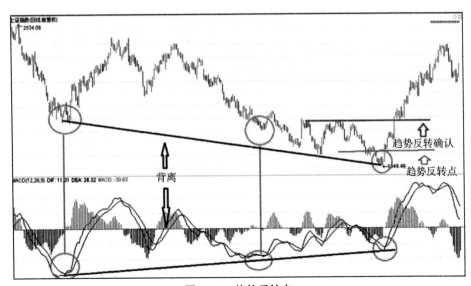

图1-11 趋势反转点

4. 判断趋势拐点位置的技巧

有三种背离方式判断趋势的拐点：

第一种方式，最近一次下跌（上升）的角度与上次下跌（上升）的角度进行比较。角度代表速度，代表效率。角度如果有变缓，则表明出现了效率上的背离。这种背离是基于维持原有趋势的力量的效率降低，原有趋势内部力量发生了不利保持原有趋势的变化。

第二种方式，最近一次下跌（上升）的幅度与上次下跌（上升）的幅度比较。幅度代表总体力量，代表效果，代表耐力。如果幅度降低，则表明出现了总体规模（力量）的背离，这种背离是由于原有趋势维持下去的耐力降低，总体力量衰竭。

第三种方式，最近一次反弹（回调）的角度和幅度与上次反弹（回调）的角度和幅度比较。如果幅度相同，但角度增大；或者角度相等，但幅度增大，或者幅度与角度均增大，则表明反趋势力量的增强，有可能形成拐点，可等再次下跌或者上升后采取行动。这是另一种形式的背离，是反趋势力量的背离，可称之为反背离。

当然，最好比较再次下跌（上升）与上次下跌（上升）的角度和幅度，但反背离可以提前预测并注意可能出现的背离。

八、波浪理论与背离

波浪理论是一个描述走势的工具，一切的走势都可以被其涵盖描述。波浪理论的基本定义包括了交易价位的各种变化，提供给交易者一个系统思维的框架，是一个包括了时空、趋势强度、趋势变化形态、主导力量以及反抗力量等许多要素的观察的思维框架，既方便交易者推演趋势的可能性变化，又便于交易者跟随修正自己的观点。因此，此工具使用的总纲在于事先的预演与事中的动态确认，形成步进螺旋思维。

使用波浪理论必须注意先大后小，先粗后细，先整体后局部。重点看就是两种形态：推动浪和调整浪，也就是一竖一横，竖做趋势，高进低出；横做成本，低吸高抛。竖做异动和惯性，做的是强度；横做衰减，关注背离。

背离就是运动的趋势变缓，仅此而已！不是因为指标出现了背离，行情才会如何。

艾略特波浪理论和背离有着很紧密的结合。若从市场的角度来说，主要有如下几点：

（1）1浪与3浪极少产生背离。1浪是定方向的，3浪是主升的推动浪，3浪的目的则是快速拉高，脱离成本区，在力度上应该是很强的，因此1浪、3浪之间不太应该出现背离，如图1-12所示。

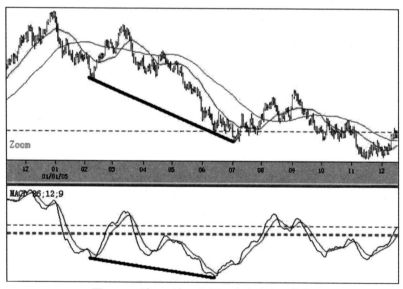

图1-12　浪1、浪3之间不太应该出现背离

（2）3浪5与3浪3极有机会形成背离。3浪3是主推浪，3浪5在创出高点的同时，实际上已经在为4浪的出货做准备了，力度上一定有所减缓，因此出现背离的机会比较大。

相同的，3 浪与 5 浪出现背离的概率就更大了，3 浪是由带动 1 浪的资金来推动的，而 5 浪是由在 4 浪之后新进的推动盘，5 浪主要的作用则是让推动 1 浪的主力资金完全出货，并且骗取跟风盘。力度应该为 1 浪、3 浪、5 浪中比较弱的一个。

（3）4 浪中极有可能出现背离。不论是 5 浪形式还是 ABC 形式，3 浪、5 浪，或是 AC 都极可能出现背离。4 浪的主要目的是表明主力资金的平仓以及诱使一些资金认为趋势已经结束。4 浪的幅度不能很深，如果很深了，5 浪的新高则不一定撑得起来，最后的那一次假杀，力度其实不会太强，极容易引起背离。

上述三点都用图 1–13 表示，因为这张图很具有代表性。

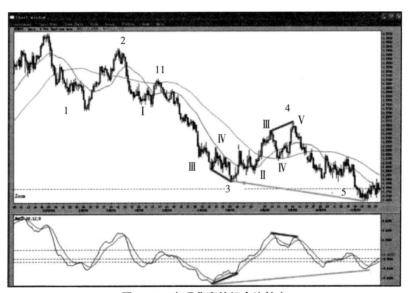

图 1–13　出现背离的机会比较大

第二章　MACD 指标背离操作细节

MACD 是比较基础的一个指标，MACD 背离也是极其常用的一个战术，而且非常有效。MACD 是知名的趋势性指标，其最主要特点就是稳健性，而指标背离原则是整个 MACD 运用的精髓所在，这也是指标准确性很高的地方。高手们通常运用 MACD 来判断大盘的走势与方向，所以说非常准确，尤其是如果能将 MACD 的顶底背离巧妙使用，就可以完美地躲避每一次暴跌，抄底每个机会。

一、MACD 背离

MACD 指标的背离指的是 MACD 指标的走势与 K 线的走势出现了方向相反的现象，MACD 背离分为底背离与顶背离，大概有三种：

（1）股价上升过程中，MACD 红柱体面积比前一波上涨时的红柱体面积要小，对应的上升幅度也比前一次缩小，是顶背离，则是卖出信号；股价下挫过程中，MACD 绿柱体面积比前一波下跌时的绿柱体面积要小，对应的下挫幅度也比前一次小，是底背离，则是买入信号。常见的短时间分析周期，如 5 分钟、30 分钟等，多用在短线交易，如图 2-1 所示。

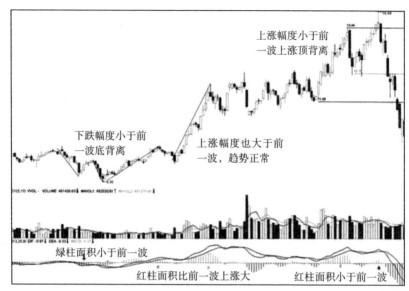

图 2-1　MACD 底背离

（2）股价不断地创新高，而红柱子却持续地变短，为顶背离；股价不断地创新低，而绿柱子却持续地缩短，为底背离。在这种背离情况之下，表明趋势即将发生转变，然而趋势转变的最终形成，还必须用 MACD 和均线的金叉或死叉来确认，如图 2-2 所示。

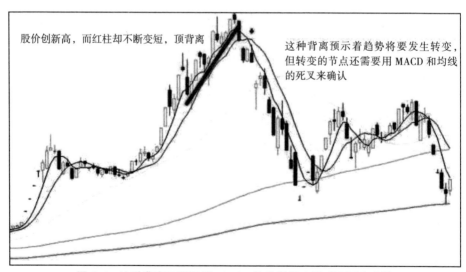

图 2-2　这种背离还需要用 MACD 和均线的金叉或死叉来确认

（3）股价不断地创新高，而 MACD 却不创新高，是顶背离；股价不断地创新低，而 MACD 却不创新低，是底背离。背离出现后以红绿柱缩短以及 5 日均线，白线掉头为转折点，以均线死叉与 MACD 死叉确认背离的最终形成。此背离发生的级别越大（例如日线、周线等），成功率越高，如图 2-3 所示。

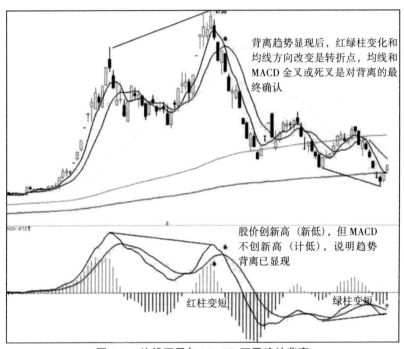

图 2-3　均线死叉与 MACD 死叉确认背离

此外，这种背驰对应的买和卖是不对等的，策略要不一样。当见顶的时候，也许高位的一次顶背离就会造成四下逃散，股价暴跌，然而见底的时候，却通常需要几次底背离才能止住下跌，如图 2-4 所示。

还有一点必须要注意，在实战中，MACD 的变化有这样一个规律：价格下挫，MACD 绿柱逐渐放大，当绿柱形成最高点时（最长绿柱），价格也对应形成波段低点。

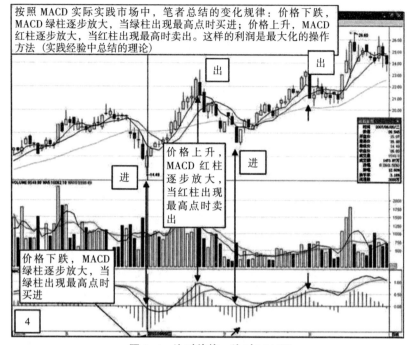

按照 MACD 实际实践市场中，笔者总结的变化规律：价格下跌，MACD 绿柱逐步放大，当绿柱出现最高点时买进；价格上升，MACD 红柱逐步放大，当红柱出现最高时卖出。这样的利润是最大化的操作方法（实践经验中总结的理论）

价格上升，MACD 红柱逐步放大，当红柱出现最高点时卖出

价格下跌，MACD 绿柱逐步放大，当绿柱出现最高点时买进

图 2-4　比对价格，比对 MACD

二、MACD 技术指标的简述

　　MACD 指标是最知名的趋势性指标，它的主要特点是稳健性，此指标不过度灵敏的特性对短线来说固然有过于缓慢的缺点，但正因为这样，也决定其能在周期较长、数据数目比较多的行情中给出相对稳妥的趋势指向。如果以此类推，将 MACD 在周期相对较长的分时图例如 15 分钟以上中使用，就能够化长为短，成为几个交易日内做短线的最好工具。指标背离原则是整个 MACD 使用的精髓所在，也是这个指标准确性比较高的地方。

1. MACD 技术指标技术图形

MACD 指标又被称为指数平滑异同移动平均线，有两条平滑移动均线，一条是快线，叫作 DIFF，在炒股软件中，用白颜色来表示；另一条是慢线，叫作 DEA，用黄颜色来表示，以及零轴和零轴之上的红色柱状和零轴之下的绿色柱状组合而成。

MACD 技术图形如图 2-5 所示。

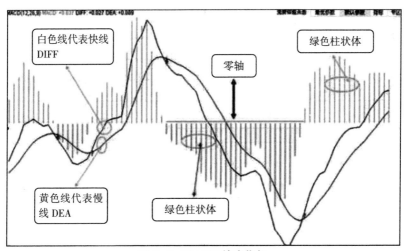

图 2-5　MACD 技术指标

2. 零轴的含义

零轴又叫作多空分水岭，指 DIFF 值与 DEA 值上穿零轴之上，同时零轴之上出现红色柱状体，表明股价趋势当时属于多头市场。交易者可以考虑持股待涨。相反，DIFF 值与 DEA 值下穿零轴之下，与此同时，零轴之下出现绿色柱状体，则表明股价趋势当时属于空头市场，交易者应当空仓持币，回避风险。

3. 红色柱状体与绿色柱状体的使用方法

当零轴之上刚刚出现比较短的红色柱状体时，表明股价刚刚进入多头市场，交易者可以择机介入做多或继续持股待涨。当零轴之上随着红色柱状体的逐步延长，目测感觉红色柱状体难以继续放大时，必须谨防红柱缩短，交易者则应考虑暂时止盈出局，落袋为安。相反，当零轴之下刚刚出现绿色柱状体的时候，表明股价刚刚进入空头市场，交易者应当空仓观望，静观其变。当零轴之下随着绿色柱状体的逐步放大伸长，目测感觉绿色柱状体已经伸长到极限难以再继续放大伸长时，交易者可以轻仓布局，可以试探性做多。跟随绿柱缩短反弹（这仅仅是理论分析而已）。

4. DIFF 与 DEA 金叉的使用方法

当白线 DIFF 上穿黄线 DEA 的时候，叫作快线金叉慢线，则属于做多金叉信号。但是，在股价实际走势当中，快线与慢线的金叉需要配合零轴之上或者零轴之下综合研判。当零轴之下出现 DIFF 上穿 DEA 金叉的时候，股价则属于弱势市场，这时的金叉只能定义为弱势金叉，股价很有可能短期弱势反弹或暂时止跌后再次夭折，通常没有做多价值。而当 DIFF 与 DEA 在零轴之上形成金叉时，股价则属于强势市场，这时的金叉自然也就定义为强势金叉，股价后市成功惯性上攻的概率比较高。如果零轴之上出现二次金叉信号时，又叫作零上二次红金叉，则属于股价强势中的强势，这时跟进做多，股价通常容易出现加速上涨，则属于短线最佳买点。

零轴之下弱势金叉如图 2-6 所示。

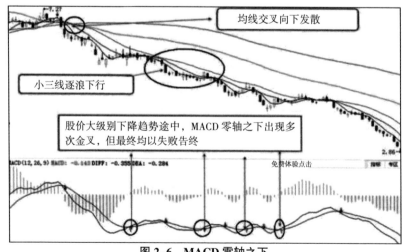

图 2-6　MACD 零轴之下

股价大级别下跌趋势途中，小三线逐浪下行，K 线持续向下寻底，MACD 零轴之下形成多次金叉，都失败告终。

零轴之上二次红金叉如图 2-7 所示。

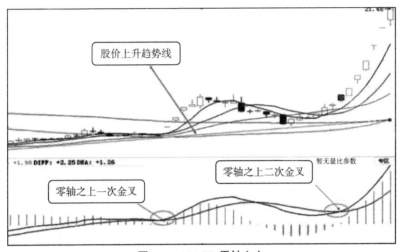

图 2-7 MACD 零轴之上

股价大级别上涨趋势途中，底部持续抬高，MACD 零轴之上形成第一次金叉时，股价形成了一段上涨行情，此后股价短暂回调之后出现零轴之上二次金叉走势，股价随之也产生了加速上涨行情。

5. DIFF 与 DEA 死叉的使用方法

当白线 DIFF 下穿黄线 DEA 的时候，叫作快线死叉慢线，则属于做空卖出信号。但是，在股价实际走势当中，快线与慢线的死叉同样需要配合零轴之上或者零轴之下综合研判。当零轴之上产生 DIFF 下穿 DEA 死叉时，通常定义为股价上升趋势途中的短暂回调，后市股价仍有再度走强的可能。相反，当 DIFF 与 DEA 在零轴之下出现死叉时，一般定义为股价下跌趋势途中的继续回调，后市股价惯性下挫的概率较高，特别是MACD 零轴之下出现二次死叉时，股价更容易产生加速下跌行情，因此零轴之下，不管出现的是一次死叉或二次死叉，交易者都应当空仓观望，静观其变。

零轴之上死叉如图 2-8 所示。

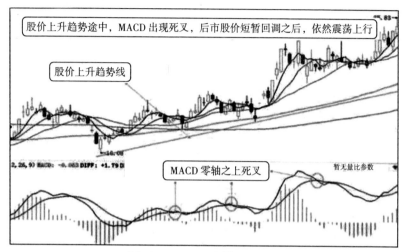

图 2-8　MACD 零轴之上死叉

零轴之下二次死叉如图 2-9 所示。

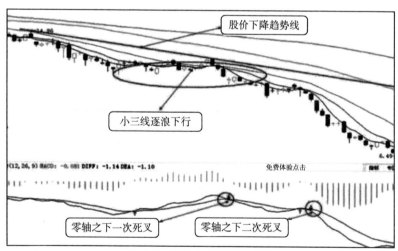

图 2-9　零轴之下死叉把命逃

　　股价下跌趋势途中,小三线逐浪下行,MACD 零轴之下形成两次死叉技术图形,MACD 的每一次死叉,后市股价都产生了不同程度的惯性下跌行情。

关于 MACD 零轴分水岭之上或者之下的金叉、死叉有四句很经典的名言，写出来与大家分享一下：零上金叉招财宝，零下金叉易受伤。零上死叉看支撑，零下死叉把命逃。

三、MACD 背离常见的四种形态

1. 缩量背离

在多头的顶部出现了背离的同时 K 线形成了，K 线逐渐变小，动能逐步趋弱的现象去做空，此形态多是终结楔形，反过来在空头的底部产生缩量现象去做多要比直接抄顶和抄底的成功率更高，并且这种情况的背后往往是以巨量释放的结果展现出来，极易拿到大好行情，如图 2-10 所示。

图 2-10　缩量顶背离

2.隔山背离

在图2-11中，中间那个顶被称为"山"，左右两个高点，中间隔着一座山，前提条件是左边的半山腰与右边的半山腰在一个水平位置上，左边对应形成的MACD红柱，右边对应形成的MACD绿柱，被称为隔山背离。

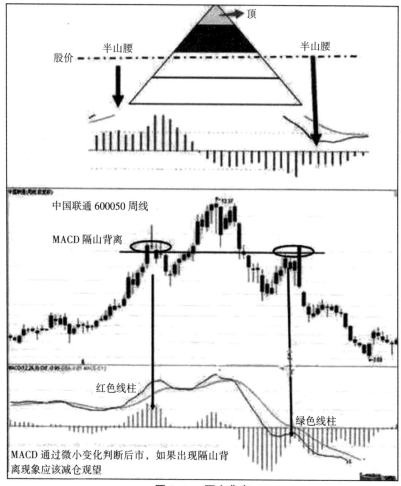

图2-11　隔山背离

3.双峰背离

大周期形成了顶背离+末端的小周期再次形成了顶背离双重确定了顶部卖空！一个周期上的双峰背离并不多，假如你已经很熟练了，要灵活在配对的小周期中去等待二次背离，会交易得更有快感，如图 2-12 所示。

图 2-12 双峰背离

4. 单阳背离

运用一根阳线来判断背离状况，我们先看到的是一根在日 K 线下的阳线本应该是对应红色线柱，然而在一定的特殊情况下就出现绿色的线柱，进而也会出现了单阳背离的情况。单阳背离的运用需要一定的条件，如图 2-13 所示。

在实际操作中，MACD 指标不仅具备抄底（背离是底）、捕捉很强势上涨点（MACD）连续两次翻红买入、捕捉洗盘的结束点（上下背离买入）的功能，它还具备使你捕捉到极佳卖点的功能，助你成功逃顶。

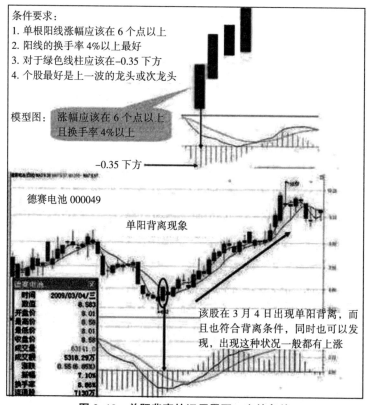

条件要求:
1. 单根阳线涨幅应该在 6 个点以上
2. 阳线的换手率 4% 以上最好
3. 对于绿色线柱应该在 –0.35 下方
4. 个股最好是上一波的龙头或次龙头

模型图: 涨幅应该在 6 个点以上 且换手率 4% 以上

–0.35 下方

德赛电池 000049

单阳背离现象

时间 2009/03/04/三

该股在 3 月 4 日出现单阳背离,而且也符合背离条件,同时也可以发现,出现这种状况一般都有上涨

图 2–13　单阳背离的运用需要一定的条件

四、MACD 顶底背离运用法则

　　背离指在价格、成交量、均线、指标等诸多因素不断运行变化过程中,这些因素中的任意两种因素产生不一样的运行方向就形成背离,背离有许多种,例如量价背离、指标背离、价格以及指标背离等,其中价格与指标背离是最常用的,而有着实际应用价值的则是顶背离和底背离。顶背离与底背离是在操作中要特别注意的现象。顶背离用来逃顶;底背离用来买入。背离可以从不同的角度来观察。

对于判断顶和底来说，"MACD比KDJ、RSI都更加准确，更加有用。而编成选股公式之后，若公式设定得太死，不管抄底还是逃顶，均有许多不适用的提示"。

这种错误的提示，则有很大坏处。

"既然最终还是要依靠人，不如不要公式，直接一次靠人来做出决策就行了，何必做那无用功。因此尽信公式，不如无公式"。

底背离选股公式不能用，并不是说MACD指标与股价背离没有用处，相反，它是非常有用的。MACD指标公式的价值恰恰就在此。

MACD指标中MACD柱的顶底是与股价的顶底同步的，不像DIF与DEA是滞后的。所以一般MACD创新高之后红柱变短，就可以当作股价顶已成立；MACD创新低之后蓝柱变短，则可以当作股价底已成立。

股价有M头、W底。MACD也会有双头和双底的情况。一般来说，二峰则是绝对顶，二底则是绝对底。若股价二峰高于一峰，而MACD红柱二峰低于一峰，这为顶背离；若股价第二底低于第一底，而MACD蓝柱二底高于一底，这为底背离。

MACD指标与股价顶背离时必须要注意股价回落风险，当MACD与股价底背离的时候，有望止跌反弹，能够考虑买入。

顶背离是较为准确的，即使判断错了，也只是收益少一些的问题。底背离不好把握，由于下跌不言底，判断错了便会套牢。底背离只能作为参考，应该以实际大底是否形成，是否看到底为准，要眼见为实。底要与主力是否在底部放巨量为判断标准，而不能用MACD与股价底背离作唯一标准。

股市就是人心的较量。有一点我们能够肯定：操纵股票的主力，绝对不会用大资金去买浮亏。

顶背离用来逃顶如图2-14所示。

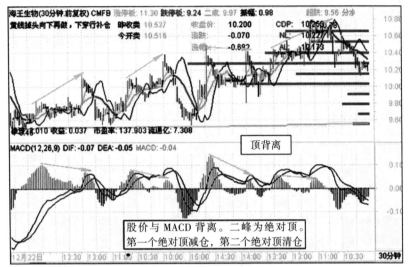

图 2-14 顶背离用来逃顶

底背离用来抄底如图 2-15 所示。

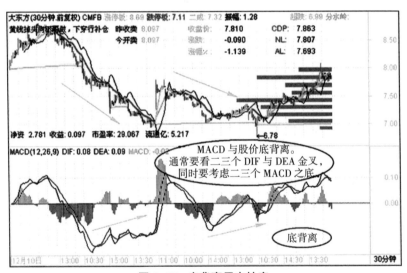

图 2-15 底背离用来抄底

选股应该要用 HLPB，不用顶底背离公式。选股要有三个标准：一是必须能有收益；二是阶段性活跃；三是上下影线长。这则是在盘后所做的功课。

抄底只有一个标准，则是底部放大量。所谓大量，是有客观标准的，则是必须大于异动界量数倍。这是在盘中交易时使用的。

盘后看顶底（特别背离时）、获利盘、震幅，盘口只是看异动界量，如图 2-16 所示。

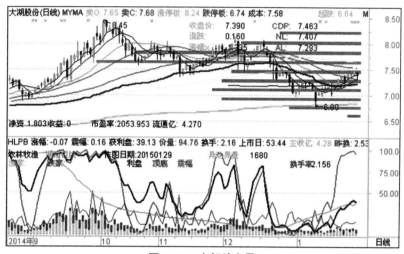

图 2-16　底部放大量

底部放巨量也是背离，也叫作价量背离。在顶部放大量，而股价上涨得不大，即大家说的放量滞涨，为顶背离，应当出局了。在底部放巨量，我们说操纵个股的主力，不会出现巨资买浮亏，为底背离，应当大胆跟进。

由于 DEA、DIF 的滞后，顶背离表现为 MACD 红柱已经变短了，而 DEA、DIF 还在上升；底背离表现为 MACD 蓝柱已经变短了，而 DEA、DIF 还在下降。

当股价一波比一波高的时候，红柱反而越来越短，这为顶背离，应当立即卖出，亦即缩头时卖出；当股价跌到底后开始拉升的时候，绿柱反而越来越短，这为底背离，应当买入，亦即缩脚时买入。

在实际操盘当中，在顶部见顶就要卖出，尤其是二峰，若不卖出，极可能就要暴跌了。在底部买入的时候不要急，W 的第二个 V 可能更低。

通常来说，在到 0 点之前买入都不晚。

有时候，背离不一定是上涨或下跌，也可能只是斜率不相同，如图 2-17 所示。

图 2-17　斜率不相同

由于行情主图的顶底往往有 M 头和 W 底，因此对应的 MACD 就有二峰与二底。二顶则是最后的逃跑机会。这在图 2-17 中的顶背离也能够看出。

底背离也有二底的说法。然而我们的问题就是，哪里是那个第二底，是不太容易判断的。这就应该运用底部价量背离的概念：没有哪个操纵个股的主力会笨到出巨资买浮亏、自己套牢自己。他们在底部放巨量（尽管是放巨量下砸），均是拉升的信号，我们应该跟进。

大道至简。实际上只有两句话：一是放量滞涨是顶背离，二顶不跑便没有机会了；二是下跌不言底，量在价先，操纵个股的主力在底部区域出现数倍于异动界量的巨量（无论股价是上涨还是下跌，无论窗口是买是卖），则是底背离，就必须要跟进。

五、如何判断 MACD 的背离

技术指标的用法不外乎三种：

一是协同，即股价跟指标同步；二是交叉，即长线，短线金叉与死叉；三是背离，即股价与指标不一致，股价趋势朝上，指标反而走平或朝下了，股价趋势朝下，指标反而朝上或走平。

MACD 顶背离为：股价经过一段上涨，MACD 的顶背离指的股价与前面的高股价平或高（宏观来看，则看股价趋势），MACD 指标中的 DIFF 不与价同步朝上反而低或平了（细看，比数值大小这样才能有可操作性），在 CDL 指标中则是 DIFF 由红翻绿了。价就是看趋势，并非一定要按什么最高、最低以及收盘价，只是看一个大概样子，而下面的 DIFF 是要与前面的峰比大小的，因此要精确。

发挥用法则是不看上面价，只看 MACD 的 DIFF 的最高点，只要这个新出来的高峰没有前面的高就算是背离了，通常往下至少有 15% 的跌幅。

这里要说明的就是教科书上所说的 MACD 背离是股价与 MACD 指标中的 MACD 比，而这里指的是股价与 MACD 指标的 DIFF 比，反之，则是 MACD 底背离了。股价创新低，DIFF 不再创新低（前面应有一个最低点），这个次低点的后一天就是底背离点。要注意：这个次低点是由后一天涨而形成的，底背离点是一个进货参考点。

发挥用法则就是不看上面的股价只看 DIFF，不再创新低了造成这次低点的那天就是底背离点，如图 2-18~图 2-21 所示。

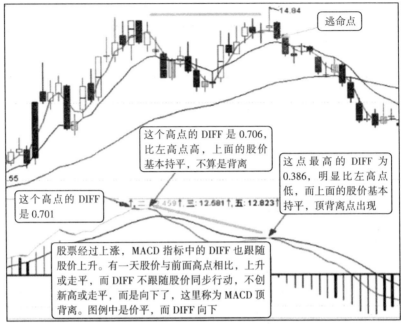

图 2-18 MACD 顶背离释图

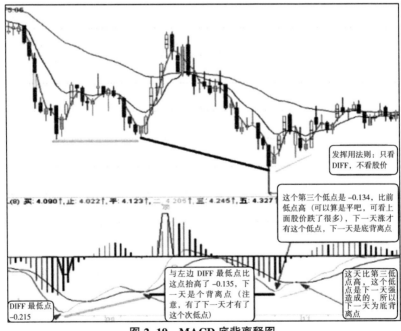

图 2-19 MACD 底背离释图

图 2-20 华夏银行（600015）顶背离

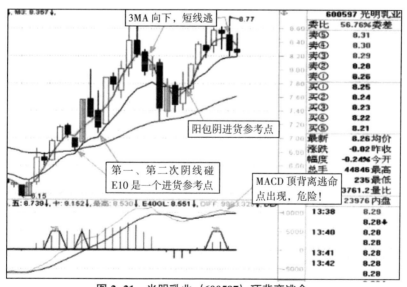

图 2-21 光明乳业（600597）顶背离逃命

现在看一看是多么的准确！凡是要买进股票，一看 MACD 有这种情况了，就不要立即买进，至少也要等到它回调到 15% 以上再买进。手里有股票的第二天逢高甩，可以在低位捡回来，如图 2-22~图 2-25 所示。

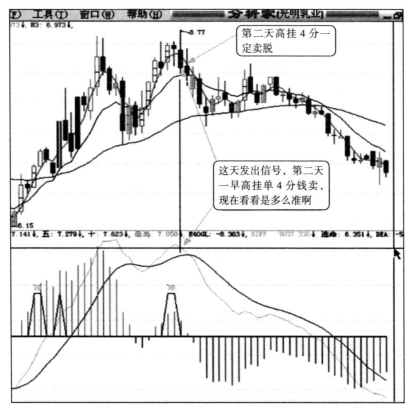

图 2-22 光明乳业（600597）高位分批逃顶

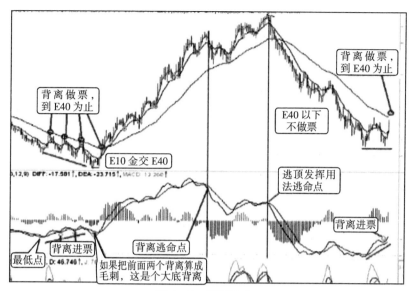

图 2-23　逃顶逃命

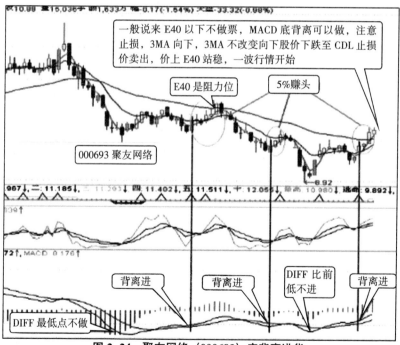

图 2-24　聚友网络（000693）底背离进货

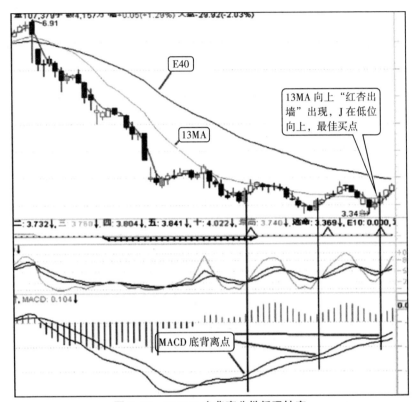

图 2-25 MACD 底背离分批低吸抄底

上述是原则，通常顶背离较准，看到逃没有错，下面至少要有 5% 的跌幅，逃错了只不过是少赚点，底背离买点就只能作为参考，不能保证买入一定有 5% 的赚头，买入不涨只有止损。

六、MACD 背离交易法则

第一步骤：先判断大盘为牛市还是熊市，标准为 60 日均线朝上，并且股价在其上运行，调整极少破该线，则为牛市。60 日线朝下，并且股价在其下运行，反弹极少破该线，则为熊市。

第二步骤：熊市作反弹。

1. 买进条件

（1）日线 MACD 形成 DIF 的底背离，也就是说，股价出现新低，而 DIF 却没有创新低，要求 DIF 第一次金叉 DEA 之后，DEA 上涨，股价不断下跌，接下来 DIF 再死叉 DEA，而 DIF 显然比第一次金叉前的最低点高；或是峰谷式柱背离。

（2）SKD 指标当 K 上穿 D 的时候，买进，或者更准确一些，参考 30 分钟 MACD 金叉买进。

2. 卖出条件

当 MACD 开始形成柱背离时，结合 SKD 指标金叉的时候先卖出。更准确一些，也可以参考 30 分钟线的 DIF 顶背离时，30 分钟的 SKD 指标金叉时卖出。

也有不形成日线柱背离反弹几天后而直接暴跌的。

熊市反弹极少有日线 DIF 顶背离的，通常只出现柱背离，反弹便结束了。形成日线 DIF 顶背离，通常反弹高度都非常高。

第三步骤：牛市做波段。

必须注意：牛熊转换的时候，按反弹来做。

1. 买进条件

牛市的波段，一定要找其调整底部。通常日线上，调整为三波，至多调整至 60 日线，通常产生 MACD 的柱底背离，甚至是失败 C 浪（不破 A 浪底），且极少产生 MACD 的 DIF 底背离，若产生，则意味着上涨幅度比较大，调整的时间太长。当日线 SKD 金叉，同时 30 分钟 MACD 金叉或是 SKD 金叉买进。

2. 卖出条件

牛市的一段上涨，通常要等到形成 MACD 的 DIF 顶背离，同时 SKD 死叉，更准确的，参考 30 分钟 MACD 死叉或是 SKD 死叉卖出。

实战图例如图 2-26 和图 2-27 所示。

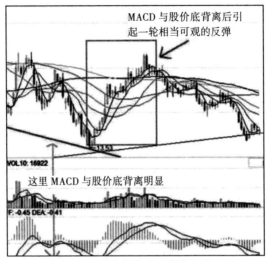

图 2-26　底背离后上升空间大

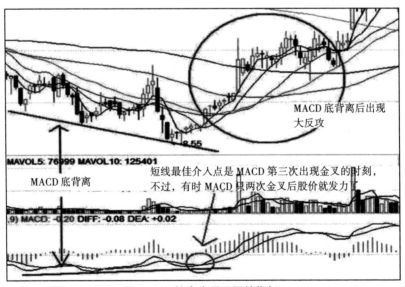

图 2-27　综合应用不同的指标

　　这里必须提出：点不能代表面，在分析一只股票时我们必须同时运用几个指标来综合判断，而 MACD 用来分析底背离的准确率却是最高的。

第三章　KDJ 指标背离操作细节

KDJ 指标被叫作随机指标，也可以叫作顺势指标。因为 KDJ 指标强调的是拐点，因而其优点就是对价格未来的走向和变动比较敏感，特别在周线图中，通常能够给出较为明确、可靠的交易信号。

一、KDJ 的背离现象操作意义

与 MACD 指标相同，KDJ 指标的背离技术形态也是非常重要的和有效的。

KDJ 指标的曲线背离指的是：当 KDJ 指标的曲线走势方向跟市场价格的走势方向形成了背道而驰，如图 3-1 所示。

所谓 KD 指标背离指的是当价格创出新高，它所对应的 KD 值却没有创新高值，或是当价格创出新低，其对应的 KD 值却不能创出新低位，导致价格位置与指标位置的明显反差。

我们都知道，KDJ 指标值大概分为三个区域：>80 为超买区域、<20 为超卖区以及其他为徘徊区。

在超买区域死叉表明离场信号，由于这时市场多数交易者处于获利状态，极易产生获利了结心理。而在超卖区域金叉表明买入信号，由于这时市场经过长期的换手调整，剩下的持股者多是意志坚定者，一旦市

图 3-1 　KDJ 指标的曲线背离

场呈现大量新入场的买盘，极易激起参与者集体拉升的意愿。

　　然而金叉、死叉信号发出均存在一定的滞后性，我们可能需要结合参考指标的顶背离（卖出）与底背离（买入）的情况。

　　1. RSI 与股价走势背离现象则是分析的核心

　　当股价突破前一个波峰而创出新高的时候，RSI 曲线并未突破前一个波峰创出新高位。从形态来看，价格曲线上形成依次呈现的波峰高于前一波峰的牛市排列，而 RSI 曲线上，依次出现的相对应的高峰却低于前一个波峰。这就是预示市场将要反转的顶背离。相反，当市场价格创出新低，而相应的 RSI 并没有创出新低，便构成了底背离的现象，它预示跌势将尽，市场即将反转向上。

　　当出现顶背离时，我们应该警惕涨势将尽，及早平仓了结；而当市场处于底背离状态时则应考虑开始建仓。

　　案例：高金食品（002143）在 2007 年 11 月 12 日创下 20.02 元的新低时，其对应的 RSI（14）却高于前一浪底，表现出 RSI（14）与股价的走势背离。该信号出现之后，市场发生剧烈反转，该股一路攀升至 32.53

元的高位。注意：RSI（14）发生背离时处于超卖区 20 线以下，而处于低位的底背离一旦出现，反转向上的行情将会演绎得十分猛烈。

当该股在 2008 年 1 月 15 日创下 32.53 元的新高时，其对应的 RSI（14）却低于前一浪底，表现出 RSI（14）与股价的走势背离。该信号出现之后，市场发生剧烈反转，该股一路下跌至 21 元的低位。注意：RSI（14）发生背离时处于超买区 80 线之上，而处于高位的顶背离一旦出现，反转下跌的行情会很惨烈。

2. KDJ 指标的背离则是重要趋势转折的先兆

在 KDJ 指标中，当市场价格创出新高，而对应的 KDJ 值却未能创出新高位，这就构成了顶背离，说明上升趋势已经有发生反转的征兆；在下降趋势中，当市场价格创下新低，但相应的 KDJ 值却未能创出新低位，这就构成了底背离，它同样是下降趋势即将反转向上的预警信号，也是趁低买入的有利时机。

在 KDJ 指标的背离这个问题上，与 RSI 的一些过滤手法相似。我们还是要去相信靠近摆动区间极限位置的背离信号有更高的分析价值。顶背离越接近 100 度线的位置越可靠，反过来底背离越接近 0 的位置当然越有价值。

案例：正邦科技（002157）在创下 21.05 元的新低价时，其相对应的 KDJ 指标值却明显地高于前一个波谷，形成了价格创新低，而其相应的 KDJ 值未能创新低的背离走势。这是一个存在于 20 度线以下的背离信号，因此它显得特别重要，预示着市场将有向上的大规模动作。后来价格一路攀升，最高达到 36.87 元，印证了底部背离信号的重大转折意义。而当该股创下 36.87 元的新高时，其相对应的 KDJ 指标值却明显地低于前一个波谷，形成了价格创新高，而其相应的 KDJ 值未能创新高的背离走势。这是一个存在于 80 度线以上的背离信号，因此它显得特别重要，预示着市场将有向下的大规模动作。后来价格一路下跌，最低达到 23.40 元，印证了顶部背离信号的重大转折意义。

二、KDJ 背离判断的简单方法

股市中的指标有许多种，而其中随机指标 KDJ 最简单实用，在此介绍用随机指标判断股价顶底背离的常识。

股价创出新高，而 KDJ 值未创出新高，是顶背离，原则应该卖出。

股价创出新低，而 KDJ 值未创出新低，是底背离，原则可以买入。

股价未创出新高，而 KDJ 值创出新高，是顶背离，原则应该卖出。

股价未创出新低，而 KDJ 值创出新低，是底背离，原则可以买入。

因此，顶背离现象的出现表明了市场价格将要在高位发生中短期下跌的逆转信号，也是一种卖出信号。底背离现象的出现表明了市场价格将要在低位发生中短期上升的逆转信号，也是一种买入信号。

这里的 K 线是迅速确认线，数值在 90 以上是超买，在 10 以下是超卖；D 线是慢速主干线，数值在 80 以上是超买，在 20 以下是超卖；J 值是方向敏感线，数值大于 100 特别是连续 5 天以上时，股价会出现短期头部，小于 0 时特别是连续数天小于 0 时，股价至少表明在短期底部。

三、KDJ 指标的四种经典背离形态

KDJ 指标背离常见的形态主要有底背离与顶背离，还包括逆向底背离以及逆向顶背离。

1. 底背离

当价格下挫并不断创新低，一底比一底要低，而 KDJ 指标值未再创出新低，一底比一底要高，被叫作 KDJ 指标与价格曲线底背离。底背离表示卖方力量逐渐减弱，行情反弹可能不是很远了。这时不应抛出，而应该加紧买入，如图 3-2 所示。

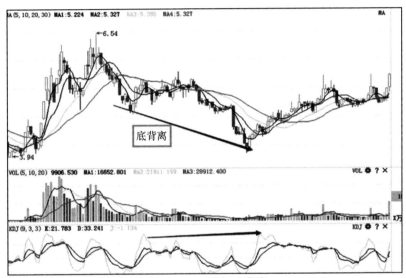

图 3-2　KDJ 指标底背离

操作时应该注意：

股价下挫，而 KDJ 指标拒绝下挫，市场多头开始蓄力，这时尽管仍由空头主导，然而后市多头力量发力将不可小觑。

2. 顶背离

当价格上涨并再度创出新高，一顶比一顶要高，而 KDJ 指标并未随着创出新高，而是由上涨转为下跌，一顶比一顶要低，被叫作 KDJ 与价格曲线形成顶背离（或牛背离，简称为顶背离）。顶背离表示买方力量已经逐渐减弱，这是行情将要发生反转的信号，这时交易者不应追买，反而应择机立即抛出手中的股票，如图 3-3 所示。

操作时应该注意：

股价上扬，而 KDJ 指标拒绝上涨，市场空头开始出现，这时尽管仍由多方主导，然而后市空头力量将快速增长。

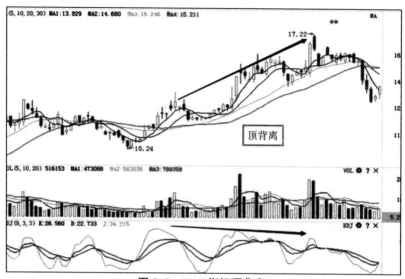

图 3-3　KDJ 指标顶背离

3. 逆向底背离

KDJ 指标逆向底背离指的是，价格产生两个底，而且一底比一底要高，而 KDJ 指标也产生两个底，而后一个底比前一个底要低，二者产生背离，如图 3-4 所示。

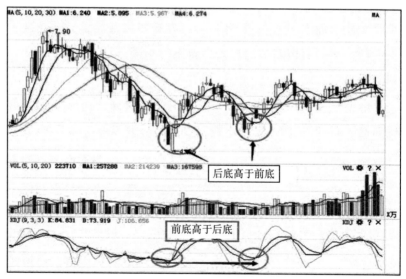

图 3-4　比对低高

逆向底背离具有三个特点：

（1）逆向底背离通常出现在圆顶的突破之后。

（2）假如出现在倒"V"顶时，必须特别小心。

（3）逆向底背离之后，上升的时间一般很短，幅度也不太高。

4. 逆向顶背离

KDJ指标逆向顶背离指的是，价格持续上涨，KDJ指标亦随之上涨时，若价格所创的高点低于前一个高点，而KDJ指标的高点却比前一个高点要高，二者之间产生逆向顶背离，如图3-5所示。

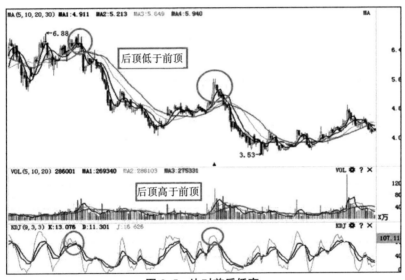

图3-5　比对前后低高

波浪运动过程当中，价格高点也越来越接近，表明支持价格上升的动能越来越小，价格上涨自然乏力，KDJ指标值越来越高，越是要求价格回调，从而形成逆向顶背离。所以，形成逆向顶背离，应该快速离场。

四、KDJ 指标的顶底背离陷阱

1. KDJ 顶背离陷阱

KDJ 指标形成顶背离，通常情况下意味着股价上涨的动力不足，将要见顶回落，有时候却只是以横向盘整或略有回落来完成 KDJ 的小幅回调，接着重新上涨，就会产生技术上的空头陷阱，这则是 KDJ 顶背离陷阱。

此种情况下，顶背离没有引起市场的短线抛压，当然就不会扭转股价原先的上涨趋势，只是延缓行情上涨的速度而已。当其技术调整到位之后，新一轮上涨行情自然水到渠成。

顶背离陷阱的判断依据：当 KDJ 指标成为下滑后重新上涨，突破 KDJ 背离时两高点连线所产生的阻力线时，就能够确定顶背离陷阱。千万不要错过，大胆地介入，以短为主。

假如 KDJ 在回落过程中，KDJ 跌破 50，则顶背离陷阱存在的可能性就大大减少了，必须特别注意。

2. KDJ 底背离陷阱

股价在 KDJ 形成背离后并没有出现见底反弹或反转，反而一跌再跌，持续创出新低，产生技术上的多头陷阱，这则是底背离陷阱。

底背离陷阱，通常形成在大庄照顾的长期阴跌成交量稀少的股票中，底背离形成之后，并未引起市场关注，成交量未放大，当然难以改变原有的下跌趋势，所以，它的形成，表明该股价是弱势股中的重要标志，套牢盘在每一次反弹都应该出货，并且是越早越好。

必须提醒大家注意的是，底背离陷阱并非股价不反弹，而是在其后的一段时期内反弹的高度有限，而后重新陷入漫漫熊途。

底背离形成后，其成交量的变化是临盘实战中是否介入的重要标准。

成交量放大，最好是持续有序放量，表明有主力看好而在逐步建仓或者至少说明股性仍有活跃的可能成交量小，表明仍是散户行情。

五、KDJ 指标使用技巧

KDJ 指标被叫作随机指标，也可以叫作顺势指标。因为 KDJ 指标强调的是拐点，因而其优点就是对价格未来的走向和变动比较敏感，特别在周线图中，通常能够给出较为明确、可靠的交易信号。

KDJ 指标的原理，则是运用当前股价（包括大盘指数，下同）在近期分布中的相对位置来预测可能出现的趋向拐点。它是运用市场价格真实的波动来反映价格走势的强弱以及超买超卖现象，从而在价格尚未出现明显的上涨或下跌之前提前发出交易信号，它是捕捉市场价格将要产生拐点的一种技术工具，如图 3-6 所示。

图 3-6 产生拐点

KDJ 指标由三条曲线构成，其在软件中的默认显示颜色是：K 线为白色，D 线为黄色，J 线为紫色。

KDJ 指标三条曲线的状态体现了三大应用法则，这三个法则汇聚了 KDJ 指标的精华。

（1）位置运行方式。

（2）形态运行方式。

（3）周期运行方式。

KDJ 指标的三条曲线是大家都熟悉、都喜爱的"三条龙"。三条龙摆尾弄首的姿态则是我们要研究的对象。

KDJ 指标三条曲线所形成的位置运行方式一共有三种表现形式，它们是：

（1）高位运行方式。

（2）低位运行方式。

（3）中位运行方式。

如图 3-7~图 3-12 所示。

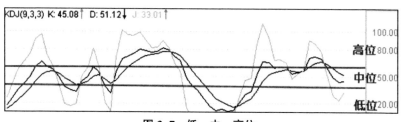

图 3-7　低、中、高位

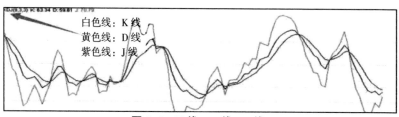

图 3-8　K 线、D 线、J 线

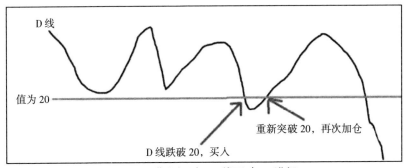

图 3-9　遵守规则，D 线下破 20 进场

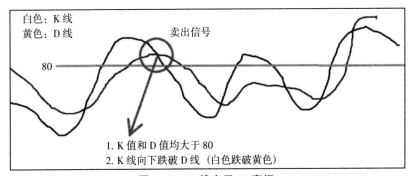

图 3-10　D 线大于 80 离场

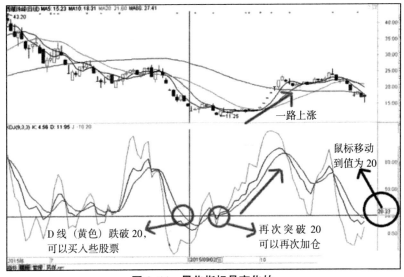

图 3-11　量化指标是变化的

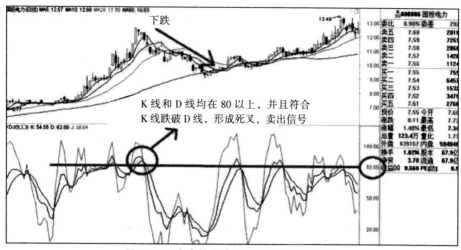

图 3-12 卖出信号在一定周期内是有效的

KDJ 分别有三个值：K 值、D 值以及 J 值。它们的取值范围为：K 值与 D 值的取值范围均是 0~100，而 J 值的取值范围可以超过 100 或者低于 0。

一般就敏感性来说，J 值最强，K 值次之，D 值最慢。就安全性来说，J 值最差，K 值次之，D 值最稳。

能够从 KDJ 指标在不同的水平位置，发现多空力量的强弱对比。通常当 K 值、D 值、J 值三值在 50 附近时，表明多空双方力量均衡；当 K 值、D 值、J 值三值均大于 50 时，表明多方力量强势；当 K 值、D 值、J 值三值均小于 50 时，表明空方力量强势。

若对 KDJ 指标所处的运行位置再进行高位、低位、中位量化细分则是：KDJ 中任意一值超过 60 便形成了高位运行；KDJ 中任意一值低于 40 便形成了低位运行；介于 40 与 60 中间的则是中位运行。

若对 KDJ 指标发出的买卖信号再加以量化细分，理论上为：

（1）当 K 值由较小逐步大于 D 值，在图形上显示 K 线从下向上穿越 D 线，显示当前趋势是向上的，则在图形上 K 线向上突破 D 线时，是买入信号。

（2）当 K 值由较大逐步小于 D 值，在图形上显示 K 线从上向下穿越

D 线，显示当前趋势是向下的，则在图形上 K 线向下突破 D 线时，是卖出信号。

只从交叉方面来考虑，K 值与 D 值的关系就像移动平均线之间的关系，也有死亡交叉与黄金交叉之分。

但是，KDJ 指标的交叉应用相对而言要复杂一些，它附带许多条件，并非看见任何一次交叉都可以当作一种信号进行买卖交易的，它还要参考别的条件。

最基本的条件则是位置，金叉的位置越多越好，死叉的位置越高越好。临盘的时候，当 K 线和 D 线在 20 以下交叉向上的买入信号比较准确；当 K 线和 D 线在 80 以上交叉向下的卖出信号比较准确。

若对 KDJ 指标的运行位置再加以超买超卖的量化细分，它们为：

（1）K 线是快速确认线——数值在 90 以上为超买，数值在 10 以下为超卖。

（2）D 线是慢速主干线——数值在 80 以上为超买，数值在 20 以下为超卖。

（3）J 线为方向敏感线——数值大于 100 属于超买，特别是连续 5 天以上大于 100，股价至少会形成短期头部，反之数值小于 0 属于超卖，特别是连续 5 天以上小于 100，股价至少会形成短期底部。

这里十分有必要单独将 J 值这条龙列出来加以重点说明。

J 值 > 100 属于超买，超买以后就会随时面临调整。但是，调整并不一定就是下跌。所以调整存在两种方式：

（1）确实开始向下调整，是实质性调整，市场价格运行方式逆转向下了。

（2）修复技术指标调整，以指标高位修复为目的，使 J 值缓慢下调，稳健平移，市场价格运行方式不发生逆转。过高的技术指标一旦经过修复，依然会向上发散，价格也会继续上涨。

反之，当 J 值 < 100 属于超卖，超卖以后也会随时面临调整。但是，

超卖以后的调整方式与上面的超买相同，也存在两种方式，只是方向相反而已。

（1）确实开始向上调整，是实质性调整，市场价格运行方式逆转向上了。

（2）修复技术指标调整，以指标低位修复为目的，使J值缓慢上调，稳健平移，市场价格运行方式不发生逆转。过低的技术指标一旦经过修复，依然会向下发散，股价也会继续下跌。

那么，如何正确判断属于哪一类性质的调整呢？

建议结合MACD指标、均线形态、K线形态以及股价所处位置等方面综合因素来考虑，这是关键所在。通过综合分析，它能让我们准确地判断和发现市场价格的顶部和底部，如图3-13和图3-14所示。

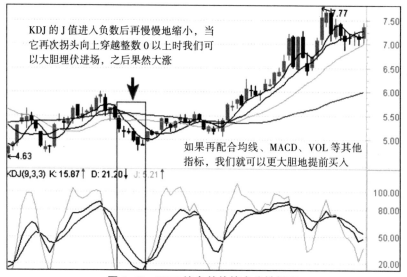

图 3-13　KDJ 结合其他技术分批低吸

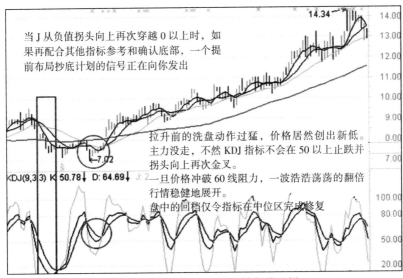

图 3-14　并不是所有的行情都是这样

这里还要注意如下五点：

（1）KDJ 指标顶底背离的判定方法，只采用 K 值和 D 值两个值，不运用 J 值。

（2）KDJ 指标顶底背离的判定方法，只能与前一波峰谷的 K 值、D 值进行对应对比，不能跳过去与再前面一个峰谷进行对比。

（3）若形成了两个或两个以上的峰谷来判断背离，则这些峰谷必须是依次向上或者依次向下的。

（4）K 值、D 值所处的位置应该在高位或低位才有效。

（5）跟其他技术指标的背离现象一样，在 KDJ 指标的背离中，顶背离的研判准确性比底背离要高。所以，尤其在研判底背离时，必须参考更多的其他因素。

六、KDJ 顶背离的实战用法

前面已经讲过，KDJ 指标的顶背离是指股票或者指数经过大幅拉升之后，KDJ 的形态走势恰巧与 K 线图的走势相反，具体来说，是指股价的走势一峰比一峰高，股价一直向上升，而 KDJ 的形态走势便是一峰比一峰低。

KDJ 指标形成顶背离，通常情况下意味着股价上涨的动力不足，将要见顶回落，有的时候却仅仅以横向盘整或略有回落来完成 KDJ 的小幅回调，此后重新上升，便会形成技术上的空头陷阱，这则是 KDJ 顶背离陷阱。这种情况下，顶背离并未引发市场的短线抛压，当然就不会扭转股价原有的上涨趋势，只是延缓行情上升的速度而已。当其技术调整到位后，新一轮上升行情自然水到渠成。顶背离陷阱通常出现在大庄股中，是主力庄家控盘能力极强的标志，可以说顶背离陷阱是大庄股的一个重要参考标志。顶背离陷阱的判断依据：当 KDJ 指标成为下滑后重新上升，突破 KDJ 背离时两高点连线所形成的压力线时，便可确定顶背离陷阱。千万别错过，大胆介入，以短为主。如果 KDJ 在回落过程中，KDJ 跌破50，那么顶背离陷阱存在的可能性就大大减少了，应引起特别注意。

第一卖点：当 K 线和股价连续形成两次顶背离时，说明市场上的多方力量已经极度衰弱，很可能已经无力继续拉升股价，此时股价已经有了见顶下跌的迹象。交易者可以先将手中的股票卖出一部分，保留一定仓位继续观望。

第二卖点：如果股价见顶下跌时跌破前次回调低点，就说明股价已经有了下跌的迹象。此时交易者应该将手中剩余的股票全部卖出。

顶背离现象通常出现在股价涨势的高位，后市往往看跌，如图 3-15

所示。

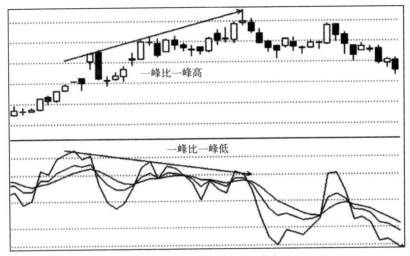

一峰比一峰高

一峰比一峰低

图 3-15　KDJ 指标的顶背离

案例 1：地产板块龙头保利地产（600048）2007 年 10 月的周线走势图。它在高位出现了典型的"KDJ 顶背离"走势，随后股价就转势下跌，一路走低，如图 3-16 所示。

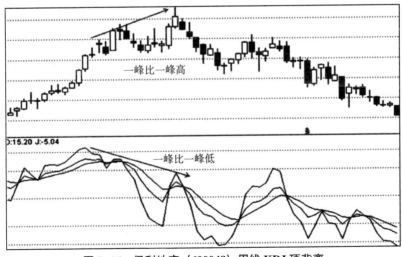

一峰比一峰高

一峰比一峰低

图 3-16　保利地产（600048）周线 KDJ 顶背离

案例 2：工商银行（601398）2007 年 9 月的周线走势图。它在上涨的后期出现了典型的"KDJ 指标"的顶背离走势，随后股价稍做整理就开始转势下跌，如图 3-17 所示。

图 3-17 工商银行（601398）周线

案例 3：地产板块龙头万科 A（000002）2007 年 10 月的周线走势图。它上涨的后期，股价持续创出新高，而 KDJ 指标的走势却越来越低。这为 KDJ 指标的顶背离现象，此后股价震荡回落一路走低，如图 3-18 所示。

由以上案例可知，一旦出现以上类型的个股，涨幅都是一峰比一峰高，选这类股票其实并不难，只需观察几天即可。

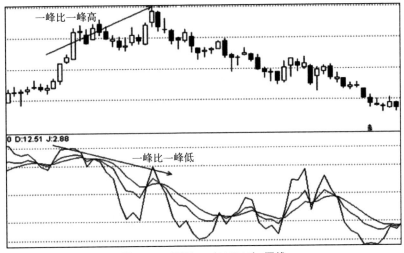

图3-18　万科A（000002）周线

第四章　RSI 指标背离的操作细节

在所有的背离中，最简单有效的背离是 RSI 背离。RSI 即相对强弱指标，又叫作力度指标，它是目前股市技术分析中比较常用的中短线指标。它可被称为指标之王。基本应用方法是，RSI 参数 80 附近表示为超买状态，20 附近表示为超卖状态。

一、RSI 背离现象

RSI 背离是指当强弱指标上涨而股价反而下跌，或是强弱指标下跌而股价反而上涨。当 RSI 在 70 到 80 以上的时候，价位破顶而 RSI 不能破顶，这便产生了"顶背离"，而当 RSI 在 30 到 20 以下时，价位破底而 RSI 不能破底就产生了"底背离"。这种强弱指标跟股价变动形成的背离现象，一般被认为市场即将发生重大反转的信号。

RSI 就是相对强弱指标，RSI = [上升平均数 ÷ (上升平均数 + 下跌平均数)] × 100。强弱指标保持高于 50 显示为强势市场，低于 50 显示为弱势市场。

RSI 背离本身并不形成实际的卖出信号，它只是表明市场处于弱势。实际的交易决定应当在价格本身也确认转向以后才做出。虽然在行情的确发生反转的情况下，这个确认过程会使交易者损失一部分利润，然而却可以避免在行情后来并未发生反转的情况下交易者可能做出的错误的卖出决定。相对来说,这种错误会对交易者造成更大的损失,由于有时行情会暂时失去动量然后又重新获得动量,而此时价格并不发生大规模的转向。

1. 顶背离

通常来讲,技术指标均有顶背离的走势形成,RSI 指标也不例外。RSI 指标形成顶背离,是指股价在一个上涨趋势当中,先创出一个新高点,此时 RSI 指标也相应在 80 以上创出一个新高点,接着股价出现一定幅度的回落,RSI 也随着股价的回落走势做出调整。如果之后股价再度出现冲高,并且超越前期高点的时候,而 RSI 尽管随股价继续上涨,然而并没有超过前期高点,这便形成 RSI 的顶背离。RSI 形成顶背离后,股价见顶的可能性比较大。

图 4-1 中,股价处在高位的时候,RSI 也处在高位,然后二者纷纷回调,再以后,股价重新冲出高位,比上一个高位还要高,而 RSI 虽然也在向上拉升,但并没有超过上一次高位,这则是顶背离。通常这种顶背离现象就预示着股价在高位即将反转,是较为强烈的卖出信号。

为何说 RSI 顶背离就是股价见顶的标志呢?主要是因为当庄家拉高出货的时候,为了出货快速,其拉高动作一定迅速而猛烈,而出货动作则要延续较长的时间与空间。此特性就决定了庄家一次又一次地拉高股价,然而由于 RSI 指标主要是反映市场强弱的指标,而这种强势不再的走势无疑将促使 RSI 形成回落走势,因此一旦庄家出货的走势形成,RSI 的回落幅度一般较大,从而产生顶背离的态势。

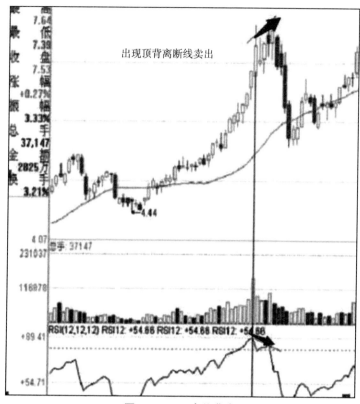

图 4-1　RSI 高位背离

2. 底背离

既然有顶背离，同时也会有底背离。

RSI 的底背离通常是产生在 20 以下的低位区。当 K 线图上的股价一路下挫，出现一波比一波低的走势，而 RSI 线在低位却率先止跌企稳，并产生一底比一底高的走势，这则是底背离。底背离现象通常预示着股价短期内可能将反弹，则是短期买入的信号，如图 4-2 所示。

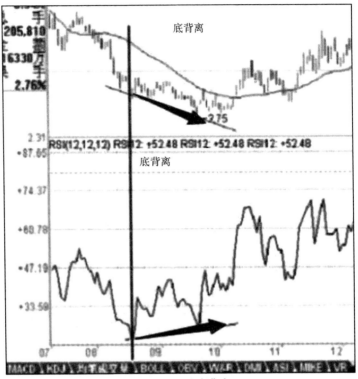

图4-2　RSI 底背离

与 MACD、RSI 等指标的背离现象研判相同，RSI 的背离当中，顶背离的研判准确性要比底背离高。当股价在高位，并且 RSI 在 80 以上形成顶背离时，可以认为股价将要反转向下，交易者可以及时卖出股票；而股价在低位，RSI 也在低位产生底背离时，通常要反复出现几次底背离才能确认，并且交易者只能做战略建仓或做短期交易。

二、RSI 曲线的形态

当 RSI 指标在高位盘整或者低位横盘时所产生的各种形态也是判断行

情、决定买卖行动的一种分析方法。

1. M 头、三重顶、W 底以及三重底

当 RSI 曲线在高位（50 以上）形成 M 头或者三重顶等高位反转形态时，意味着股价的上涨动能已经衰竭，股价很有可能出现长期反转行情，交易者应及时地卖出股票，如图 4-3 所示。

图 4-3　RSI 见 M 形顶背离

若股价走势曲线也先后出现同样形态，股价的下降幅度及过程可参照 W 顶或三重顶等顶部反转形态的判断。

再来看 W 底或者三重底。

当 RSI 曲线在低位（50 以下）出现 W 底或三重底等低位反转形态时，则意味着股价的下挫动能已经减弱，股价很有可能构筑中长期底部，交易者可逢低分批建仓，如图 4-4 所示。

图 4-4　RSI 见 W 底背离

若股价走势曲线也先后出现同样形态，股价的上涨幅度和过程可参照 W 底或三重底等底部反转形态的判断。

与顶背离、底背离一样，RSI 曲线 M 头、三重顶形态对行情判断的准确性要比 W 底、三重底高。

2. 头肩顶形态和头肩底形态

头肩顶形态指的是一种经典的反转形态，表示股价见顶回落，跌破颈线位卖出，如图 4-5 和图 4-6 所示。

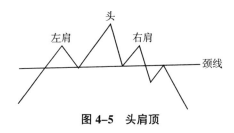

图 4-5　头肩顶

图 4-6　跌破颈线卖出

　　再看一看头肩底形态。头肩底形态表示股价见底回升，突破颈线位
买进，如图 4-7 和图 4-8 所示。

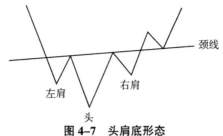

图 4-7　头肩底形态

图 4-8　突破买入

3.上涨趋势线、下跌趋势线

上涨趋势线、下跌趋势线如图 4-9~图 4-12 所示。

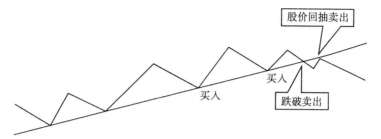

图 4-9　跌破卖出

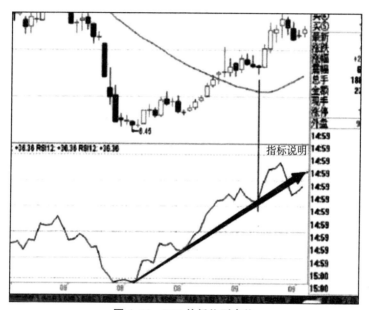

图 4-10　RSI 从低位到高位

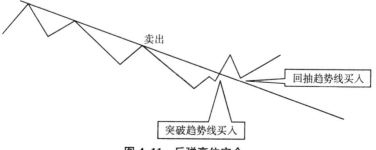

图 4-11　反弹高位空仓

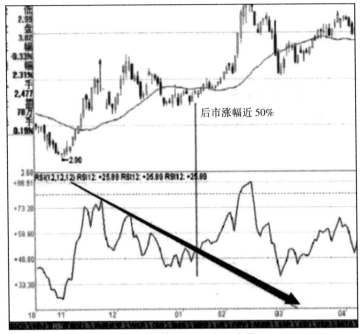

后市涨幅近 50%

图 4-12　涨幅 50％上下止盈

三、RSI 指标在实际操作中的应用技巧

　　指标有成千上万种，RSI 指标可以被称为指标之王。RSI 即相对强弱指标，又叫作力度指标，是目前股市技术分析中比较常用的中短线指标。

　　周线相对强弱指标在实战过程中所应遵循的核心原则就是：运用相对强弱指标来测量股价的强弱、超买、超卖、形态、交叉和背离，特别是周线 RSI 指标的背离，是一种典型的抄底或者逃顶的信号。RSI 指标既可以用来对大盘指数进行分析判断，又可以对个股具有较高的使用价值。在股市中，交易者总是试图利用各种方法分析研究大盘的未来趋势，来确定买卖股票的适当时机，让利益最大化。而对周线 RSI 指标的技术分析是对牛市启动前的大底进行判断比较准确的一个技术指标。

1. 周线相对强弱指标实际操作中的要点

（1）大盘大跌后持续缓慢下跌，空方力量占据优势。

（2）下降幅度高于 33% 最好，跌幅越大越好，以回到上一波上涨行情或者反弹行情的启动位置附近为最佳。

（3）下挫的时间以 20 周以上为佳，越长越好。

若符合以上三个要点，而周线 RSI 指标小于 15，交易者则需要谨慎操作，不能轻易介入。当周线 RSI 指标向上突破或将要突破 15 的趋势时，才可以介入。

2. 历次周线 RSI 小于 15 的情况

（1）大盘连续下挫 26 周，降幅达 72.8%，跌穿上一波上升行情的启动位置，并且连续三周 RSI 小于 10，则大盘见底之后，会有一波升幅高达 300% 的反弹行情出现。

（2）当大盘反弹结束之后，若仍然连续下降 64 周，降幅达到 79%，同样跌破行情的启动位置，并且连续四周 RSI 小于 15，大盘见底后一般会掀起一波涨幅达 220% 的行情。

（3）大盘反弹结束之后，假如连续下跌调整 32 周，降幅达 42.8%，并跌破年初的最低点，且 RSI 下探到 15 以下，就会爆发一波跨年度的牛市行情。

（4）周线 RSI 再次跌到 15 以下，而跌幅较小，并且下跌时间较短，因此反弹行情比较弱。

当周线 RSI 指标下探到 15 以下时，通常会出现级别较大或中级反转的上涨行情，而只有少数情况出现的反弹行情比较弱。

四、顺势背离和逆势背离的操作技巧

前文讲过，RSI 背离可以分为顶背离与底背离，即顺势背离与逆势背离。

1. 顺势背离的操作技巧

首先，我们在交易的时候必须先判断趋势，即这段时间行情是上升还是下降，单边行情尽量顺势交易，图 4-13 中是一波震荡上行的单边趋势，白银上行机会没有给太好的回调点位，我们可以通过 RSI 指标的背离来选定较好的入场点。如图 4-13 中 2 处价位没有跌破前期低点 1 处的价格，然而 RSI 指标早已跌破前期低点 1 处的位置，这则是我们所说的顺势背离。单边行情当中，价格未创出新低，RSI 指标却创出新低，在 RSI 触发前期低点的位置，可能价格并不是我们预计的完美价格，而这种顺势背离的产生表明价格不会再创新低了。我们可以果断顺势买进，等

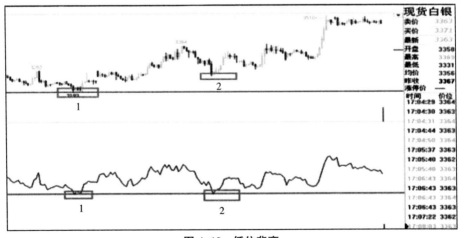

图 4-13　低位背离

着行情上涨。顺势做多等着指标新低，价格没有新低以后的背离，做多止损设置在 1 处下方。

　　同样，在行情顺势下挫的情况下顺势背离仍然可以使用。如图 4-14 所示，顺势下跌的行情中，图 4-14 中 2 处呈现行情反弹，价格 2 未创出相对 1 处的新高，而 RSI 指标却突破前期的高点，这就是下降行情中顺势背离，即价格未反弹出新高，而 RSI 指标却反弹新高，能够继续背离价格沽空，等待行情的下挫盈利。仔细地观察价格与指标的背离会有意想不到的收获。

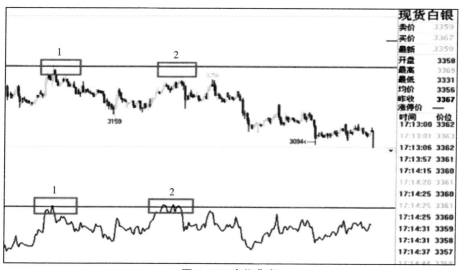

图 4-14　高位背离

　　在顺势背离应用中需要关注价格与指标的相互对比关系，图 4-14 中，如果价格突破前高，指标也突破前高，可能趋势已经产生转变，不要轻易去做空。因此，在应用顺势背离的时候，必须等待指标突破新高，价格没有创新高后进场，止损设在 1 处高点。

　　2. 逆势背离的操作技巧

　　逆势背离是指在行情单边上升和下降时出现的情况。在上升行情中，若出现价格创出新高，而指标未创出新高，我们去做空即是逆势交易，因而这种背离我们称为逆势背离，用逆势背离可以判断行情的顶部与底部，当然我们不能在出现一次背离之后就去进场，正常行情会形成连续多次背离，因此，在形成逆势背离的时候一定要谨慎操作，综合进行观察。形成一次背离就进场的成功率很低，下面讨论一下逆势背离的安全操作规则。

图 4-15 中价格形成第二次背离之后，这里并非底部，行情在短线反弹之后仍然震荡阴跌下行，假如再形成背离就贸然进场是非常容易被止损的，在第三次背离以后，大级别的背离底部呈现。最好是等有三次背离以后，并且需要结合其他分析指标，价格突破重要的阻力位以后再酌情做多。

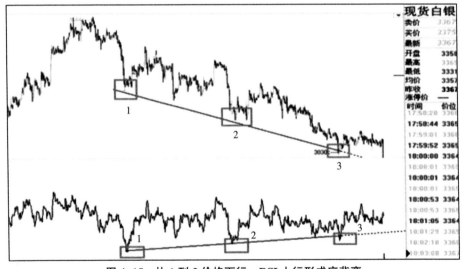

图 4-15　从 1 到 3 价格下行、RSI 上行形成底背离

大家可以按照上述的建议选择适合自己的操作方式，顺势交易者可以应用顺势背离寻找进场点，逆势交易者可以应用逆势背离，但必须谨慎选择背离点，综合考虑其他分析方法选择抄底与逃顶点位。

五、运用 RSI 背离交易反转

　　许多交易者根据 RSI 来判断汇市的超买或超卖状态，然而常常忽略
RSI 所显示的背离，而 RSI 背离却通常能较好地反映市场的潜在反转。在
图 4-16 中，汇价下降 1444 个点，而后又转而上涨 738 个点。潜在的反
转暗含丰厚的利润，也隐藏着巨大的风险。那么如何判断 RSI 背离潜在
的反转呢？

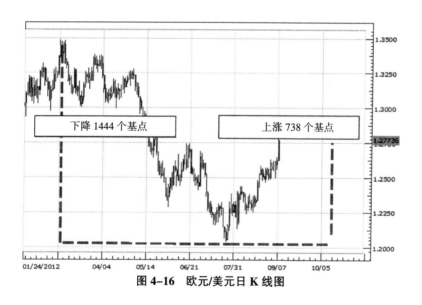

下降 1444 个基点　　　　　　上涨 738 个基点

图 4-16 欧元/美元日 K 线图

　　背离意味着汇价当前走势没有得到指标的验证，即为汇价与指标的
方向相反。在下跌趋势中，汇价持续创出新低，如果 RSI 没有紧跟着创
出新低甚而低点升高，这时就产生牛背离，后市则看涨；同样地，在上
涨趋势中，汇价持续创出新高，如果 RSI 没有紧跟着创出新高甚而高点
降低，这时就产生熊背离，后市则看跌。

在图 4-17 中，欧元/美元在 6 月 1 日至 7 月 24 日处于下跌趋势中，并且创出新低，但是，底部 RSI 的低点却相比于 5 月低点有所升高，这就产生牛背离。交易者可以以此为机会，买入做多，止损位设在 7 月 24 日低点，并以 1∶1 或 1∶2 的风险报酬比加以限价。

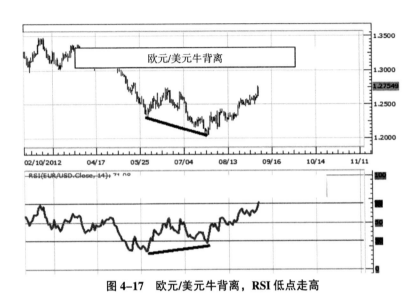

图 4-17　欧元/美元牛背离，RSI 低点走高

六、RSI 指标底背离买入法

前面已经讲过，底背离现象通常预示着股价短期内可能将反弹，是短期的买入信号，所谓底背离是指 RSI 通常出现在 20 以下的低位区，当 K 线图上的股价一直下挫，形成一波比一波低的走势，而 RSI 线在低位却率先止跌企稳，并形成一底比一底高的走势。

下面是 RSI 底背离买入法：

（1）当股价创出新低，而 RSI 指标不创新低，即为底背离，表明上涨即将发生，然而什么时候发生还有待观察。

（2）运用 RSI 指标画线，满足介入条件时即是上升开始，可以进入。

图 4-18 中沪指 1664 时，股指创出新低，而指标不创新低，即为底背离，表示股指有反弹需求，而什么时候开始上涨，什么时候可以进入，则需要通过指标画线，当指标突破下降趋势线时进场点出现，在 1 处进入，抄在了最低点附近。

图 4-18　有待观察启动点

万科 A 股价创出新低，指标没创出新低，底背离产生，意味着股价将要上涨，这时在指标中画出下降趋势线，突破后在 1 处进入，抄在了最低点附近，如图 4-19 所示。

从图 4-20 中可以看出，深深房股价下挫过程中，而 RSI 指标却出现了明显的底部抬高特征，说明从指标上来说，已经不再支持股价下跌，反弹即将开始，5 月 16 日股价放量上攻，突破了近期小平台，选手"海上"果断进入，19 日抛出，获利 14%。

图 4-19　最低价确认后分批低吸抄底

下面是大赛选手"海上"实战案例（见图 4-20）：

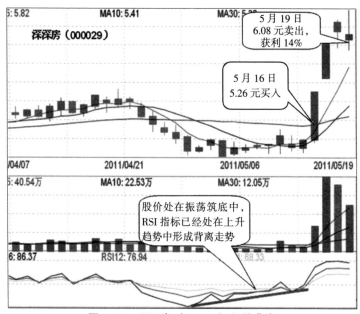

图 4-20　深深房（000029）短线背离

第五章 CCI 指标背离的操作细节

CCI 背离抄底是其中的绝技之一。CCI 指标又被称为顺势指标,是一种重点研判股价偏离度的股市分析工具,属于超买超卖类指标当中的一种。而它又不同于 KDJ、WR%等大多数超买超卖指标存在钝化现象,CCI 指标却是波动在正无穷大到负无穷大之间,所以不会产生指标的钝化,这样有利于交易者更好地研判行情,尤其是那些短期内暴涨暴跌的非常态行情。

一、CCI 指标的背离

CCI 指标的背离指的是 CCI 指标的曲线的走势与股价 K 线图的走势方向恰巧相反。

CCI 指标的背离可以分为顶背离与底背离两种。

1. 顶背离

当 CCI 曲线处于远离+100 线的高位,它在创出近期新高之后,反而出现一峰比一峰低的走势,而这时 K 线图上的股价却又创出新高,出现一峰比一峰高的走势,这则是顶背离。顶背离现象通常是股价在高位即将反转的信号,表示股价短期内即将下跌,是卖出信号。在实际走势当中,CCI 指标出现顶背离指的是股价在进入拉升过程中,首先创出一个高点，CCI 指标也相应在+100 线以上创出新的高点，接着，股价产生一定幅度的回落调整，CCI 曲线也随着股价回落走势形成而调整。然而，若股价再度向上并超越前期高点创出新的高点时，而 CCI 曲线随着股价上涨也反身向上但没有冲过前期高点就开始回落，这则形成 CCI 指标的顶背离。CCI 指标形成顶背离之后，股价见顶回落的可能性比较大，是较为强烈的卖出信号，如图 5-1 所示。

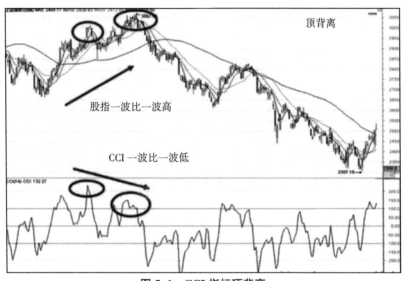

图 5-1　CCI 指标顶背离

2. 底背离

CCI 的底背离通常是出现在远离-100 线以下的低位区。当 K 线图上的股价一路下挫，产生一波比一波低的走势，但 CCI 曲线在低位却率先止跌企稳，并出现一底比一底高的走势，这则是底背离。底背离现象通常预示着股价短期内可能将反弹，则是短期买入的信号。

与 MACD、KDJ 等指标的背离现象研判相同，CCI 的背离中，顶背离的研判准确性要高于底背离。当股价处于高位，CCI 在远离+100 线以上出现顶背离的时候，可以认为股价将要反转往下，交易者可以及时卖出股票；而股价处于低位，CCI 也在远离-100 线以下低位区形成底背离时，通常要反复出现几次底背离才能确认，并且交易者只能做战略建仓或做短期交易，如图 5-2 所示。

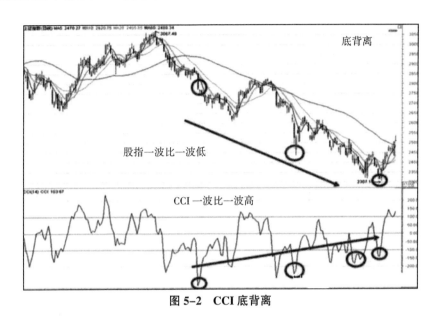

图 5-2　CCI 底背离

二、CCI 指标研判标准

在股票软件中，当 CCI 中的 CCI 线下穿至-100 线下，越低越好。均线设在 30 日、60 日、120 日以及 250 日这几条均线，当哪一天看到 CCI 线在-100 线下从向下走开始调头朝上，并且 K 线下跌到这几条均线附近，第二天立即买入，不出几天，该股就会上涨，很准确。

1. CCI 指标的原理

CCI 指标是一种超买超卖指标。超买超卖指标，顾名思义就是"超买"，即已经超出买方的能力，买入股票的人数超过了一定比例，那么，此时应该反向卖出股票。"超卖"是代表卖方卖股票卖过了头，卖出股票的人数超过一定比例时，反而应当买进股票。这是在通常行情下，可是，行情是超乎寻常的强势，那么超买超卖指标会突然间失去方向，行情不断地持续前进，大众似乎失去了控制，对于原价的这种脱序行为，CCI指标提供了不同的看法。这样就有利于交易者更好地研判行情，尤其是那些短期内暴涨暴跌的非常态行情。

2. CCI指标的运行范围

CCI指标专门测量股价是否已超出常态分布范围，属于超买超卖类指标中比较特殊的一种，波动于正无限大与负无限小之间，然而，又不需要以0作中轴线，这一点也和波动于正无限大和负无限小的指标不一样。CCI主要测量脱离价格正常范围的变异性，同时适用于期货商品和股价。在常用的技术分析指标中，CCI指标（顺势指标）是很奇特的一种。CCI指标没有运行区域的限制，在正无穷与负无穷之间变化，然而，与所有其他没有运行区域限制的指标不同的是，它有一个相对的技术参照区域：100与-100。根据指标分析，CCI指标的运行区间也可以分为三类：100以上是超买区，-100以下是超卖区，100到-100是震荡区，然而该指标在这三个区域当中的运行所包含的技术含义与其他技术指标的超买与超卖的定义是不一样的。首先在100到-100之间的震荡区，该指标基本上毫无意义，不能对大盘及个股的操作提供多少明确的建议，所以它在正常情况下是无效的。这也反映了该指标的特点——CCI指标就是专门针对极端情况设计的，简明扼要来说，在通常行情下，CCI指标作用不十分明显，当CCI扫描到异常股价波动的时候，力求速战速决，即便亏损了也应当立刻了结。

3. CCI指标的实战运用

CCI指标的实战运用主要是集中在CCI指标区间的判断、CCI曲线的走势以及CCI曲线的形状等几个方面。

（1）CCI指标区间的判断。

1）当CCI指标从下朝上突破100线而进入非常态区间时，表示股价脱离常态而进入异常波动阶段，中短线应该及时买入，若有较大的成交量配合，那么买入信号更加可靠。

2）当 CCI 指标从上朝下突破−100 线而进入另一个非常态区间时，表示股价的盘整阶段已经结束，即将进入一个比较长的寻底过程，交易者应以持币观望为主。

3）当 CCI 指标从上朝下突破 100 线而重新进入常态区间时，表示股价的上涨阶段可能结束，即将进入一个比较长时间的盘整阶段，交易者应及时逢高卖出股票。

4）当 CCI 指标从下朝上突破−100 线而重新进入常态区间时，代表股价的探底阶段可能结束，即将进入一个盘整阶段，交易者可以逢低少量买入股票。

5）当 CCI 指标在 100 线至−100 线的常态区间里运行的时候，交易者则可以用 KD、RSI 等其他超买超卖指标加以研判。

（2）CCI 曲线的走势。

1）当 CCI 曲线朝上突破 100 线而进入非常态区间时，代表股价开始进入强势状态，交易者应及时买入股票。

2）当 CCI 曲线朝上突破 100 线而进入非常态区间后，只要 CCI 曲线一直向上运行，则表明股价强势依旧，交易者可以一路持股待涨。

3）当 CCI 曲线在 100 线之上的非常态区间，在远离 100 线的地方开始掉头朝下时，表示股价的强势状态将难以维持，是股价较强的转势信号。若前期的短期涨幅过高时更可确认。此时交易者应及时逢高卖出股票。

4）当 CCI 曲线在 100 线之上的非常态区间，在远离 100 线的地方处于一路下挫时，代表股价的强势状态已经结束，交易者还应以逢高卖出股票为主。

5）当 CCI 曲线朝下突破−100 线而进入另一个非常态区间时，代表股价的弱势状态已经形成，交易者应以持币观望为主。

6）当 CCI 曲线朝下突破−100 线而进入另一个非常态区间之后，只要

CCI 曲线一路向下运行，则表明股价弱势依旧，交易者可以一路观望。

7）当 CCI 曲线朝下突破-100 线而进入另一个非常态区间，若 CCI 曲线在超卖区运行了很长的一段时间后开始掉头向上，代表股价的阶段性底部初步探明，交易者可以适量建仓。CCI 曲线在超卖区运行的时间比较长，更加可以确认阶段性的底部。

（3）CCI 曲线的形状。

1）当 CCI 曲线在远离 100 线上方的高位时，若 CCI 曲线的走势形成 M 头或三重顶等顶部反转形态，可能表示股价由强势转为弱势，股价可能暴跌，应该立即卖出股票。若股价的曲线也出现同样形态则更可以确认，其跌幅可以用 M 头或三重顶等形态理论进行研判。

2）当 CCI 曲线在远离-100 线下方的低位时，如果 CCI 曲线的走势出现 W 底或三重底等底部反转形态，可能表示股价由弱势转为强势，股价将要反弹向上，可以逢低少量吸纳股票。若股价曲线也出现同样形态更可以确认，其涨幅可以用 W 底或三重底形态理论进行研判。

3）CCI 曲线的形态中 M 头与三重顶的准确性要大于 W 底和三重底。总的来说，CCI 主要是在超买和超卖区域产生作用。然而在不同的市场走势中，这两种作用又是不一样的。在牛市里，CCI 最有价值的应用就是判断短线回调的底部拐点，在熊市里，CCI 最有价值的应用则是判断短线反弹的顶点。这并不是熊市与牛市所固有的特点，而与 CCI 自身特点有关。 CCI 指标的缺陷就是对于突破性行情作用比较大，对于温和性的行情作用就不太明显。

原理很简单，就是人们常用的经典 CCI 指标，平时我们日周期使用得较多，在这里用 30 分钟周期来运用。

尾盘 30 分钟周期的 CCI 指标由远离-100 的最负的最远端向上运动，当快接近-100 时，就是抢进去的时候，股价在 30 分钟周期里由负的最远端向正常区运动的概率极大，正常区为-100 至 100，每天有 8 个 30 分钟周期，进去后，第二天的股价在剩下的 8 个 30 分钟周期向上跑的概率极大，甚至跑到 100 以上。这 8 个 30 分钟周期足够逃跑的了。

在大盘大跳水的情况下最好别使用该法，正确性会大大降低。在大盘小跌、盘整、小升、猴市、牛市等情况下，该法皆可使用，而且该法在这些情况下的准确率会达到 95% 以上。

除了大盘跳水以外，其他情况下尾盘买进，第二天卖出，成功率极高，几乎稳赚，我很多次买到第二天涨到 3%~6% 的股票，偶尔也会买到第二天是涨停板的股票。在接近尾盘，用 30 分钟周期预警，符合条件的股票并不多，每天接近尾盘时都会有预警，有时几只，有时十几只，大概也就那么多符合要求。

当然，选出来的股票要结合当时的热点，另外，最好结合其他指标使用，效果更好。

三、CCI 背离的买卖技巧

市场中是否有比较准确的技术指标呢？有。CCI 背离抄底是其中的绝技之一。CCI 指标是衡量股价是否超出常态分布范围的一种超买超卖类指标，如图 5-3 所示。

CCI 指标仅有一条指标线。CCI 的"天线"为 +100，+100 以上为超买区。"地线"为 -100，-100 以下为超卖区，中间则属于震荡区域，如图 5-4 所示。

（1）KDJ、RSI 之类的超买超卖指标均是在 0~100 运行，而 CCI 指标并不存在限制。当股票价格持续上涨或下跌时，KDJ、RSI 指标都极易出现钝化，这时 CCI 指标相比之下就非常有效。

（2）CCI 指标适用于股票价格突破后的持续上涨或者下跌行情。若股票价格在一个区间内反复震荡时，CCI 指标无法发出有效的买卖信号。

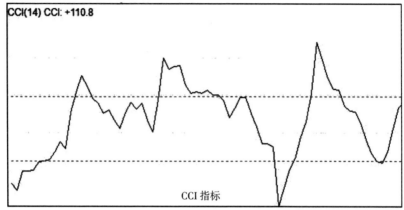

图 5-3　CCI 指标超买区、超卖区

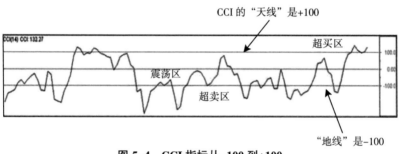

图 5-4　CCI 指标从-100 到+100

我们来看看图 5-5 中如何用 CCI 指标进行判断买卖点，图 5-5 中绿色标记为卖点，红色标记为买点。当 CCI 指标下穿+100 跌破超买区域就是我们需要出货时，CCI 上穿-100 突破超买区域则是我们介入的时机。

当 CCI 指标线突破+100 的时候，表明市场已经进入了超买状态，但短期交易者情绪已经被调动起来，这时可以买入。

案例：2013 年 10~11 月，国电南端的股价连续创出新低，但同时 CCI 指标在-100 下方的低位却形成了一底比一底高的背离形态，这是股价有见底反弹的信号，后市股价走出了一轮反弹行情，如图 5-6 所示。

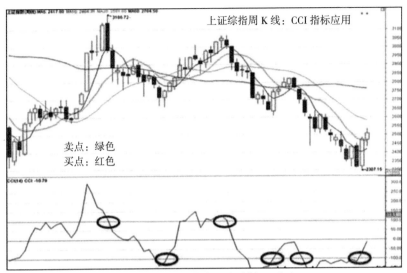

图 5-5　用 CCI 指标进行判断买卖点

CCI指标买入形态：CCI指标在-100下方与股价底背离

图 5-6　国电南端日 K 线

第一买点：CCI 指标突破-100。

CCI 指标突破-100 当日，在收盘之前，交易者可以先买入部分股票建仓。

案例：2014 年 1 月 22 日，长城电工股价的 CCI 指标突破-100，这是一个看涨买入信号。说明股价即将结束下跌行情。1 月 24 日，CCI 指标继续突破 0，股价后期迎来一波上涨行情，如图 5-7 所示。

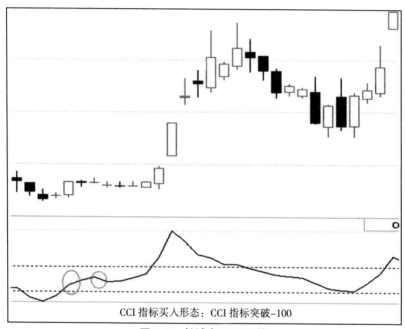

CCI 指标买入形态：CCI 指标突破-100

图 5-7 长城电工日 K 线

第二买点：CCI 指标突破 0。

当 CCI 指标突破 0 的时候，表示市场上多空转换，上涨行情已经确立，此时交易者可以加仓买入股票，如图 5-8 所示。

在出现背离形态之后，当出现了见顶 K 线信号之后，交易者应该卖出手中的股票。

案例 1：澳柯玛股价的 CCI 指标跌破+100，这说明市场结束了超买行情，是看跌卖出信号。经过 CCI 指标跌破 0 后的确认，股价走出一波回调行情，如图 5-9 所示。

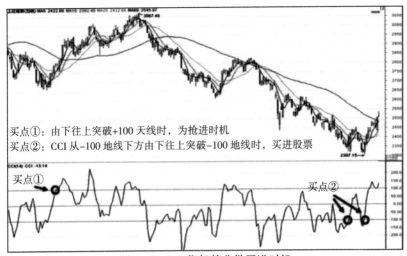

买点①：由下往上突破+100 天线时，为抢进时机
买点②：CCI 从-100 地线下方由下往上突破-100 地线时，买进股票

买点①

买点②

图 5-8　CCI 指标的分批买进时机

CCI 指标卖出形态：CCI 指标跌破+100

图 5-9　澳柯玛日 K 线

案例 2：冠农股份的股价和 CCI 指标在+100 上方出现了顶背离形态，预示着股价持续上涨的行情即将结束。在经过后期的确认之后，股价开始了下跌的行情，如图 5-10 所示。

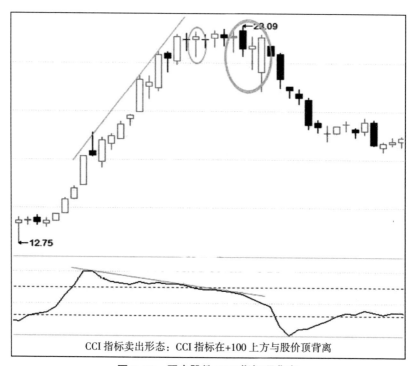

图 5-10　冠农股份 CCI 指标顶背离

第一卖点：CCI 指标跌破+100。

CCI 指标跌破+100，这个信号出现当天，交易者可以先卖出部分股票，继续观望。

第二卖点：CCI 指标跌破 0。

CCI 指标跌破 0 后，这说明空方已经开始主导行情，此时交易者应该将手中剩余的股票卖出，如图 5-11 所示。

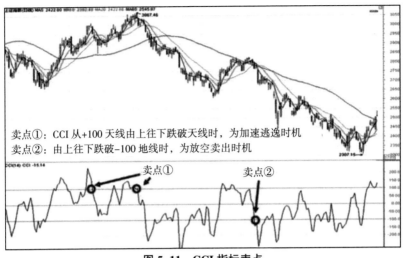

图 5-11　CCI 指标卖点

四、CCI 底背离买入研判

对于许多技术指标来说，研究判断的方法有许多种，其中不外乎如下三种：

一是指标自身的数值大小。

二是指标的数变化（趋势变化）。

三是指标与指标或者股价间的关联分析（金叉、背离等）。

其中对于指标与其他数据的背离分析通常更为准确一些。这里用 CCI 指标的底背离说明一下指标底背离的买入方法。值得说明的是，大多数指标的底背离通常告诉我们一些内容，只是我们的判断需要结合其他方法来确定，也就是说，我们要有确定底背离以及做出判断的进一步的根据。

1. CCI 的底背离的说明

CCI 的底背离必须结合股价运行趋势来判断，当股价连续创新低而

CCI 不创新低时，就形成了我们所说的底背离，如图 5-12 和图 5-13 所示。

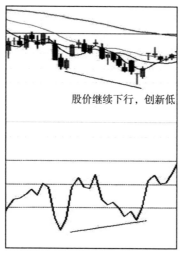

图 5-12 CCI 发生了底背离

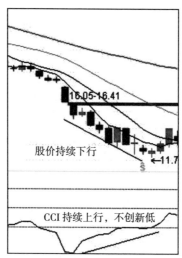

图 5-13 CCI 的底背离必须结合股价运行趋势来判断

2. CCI 底背离的底部买入方法

当 CCI 指标形成底背离，即股价在持续下行中，而 CCI 指标却在连续上行，当 CCI 在背离的情况下由下朝上穿越 -100 时，股价面临着底部。

我们可以结合其他技术择机进入，如图 5-14 和图 5-15 所示。

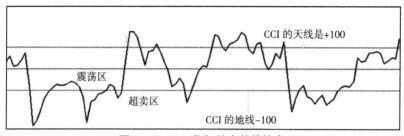

图 5-14　CCI 指标结合其他技术

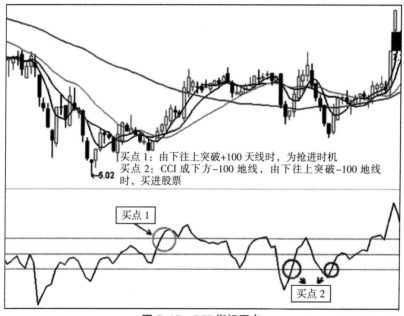

图 5-15　CCI 指标买点

　　CCI 指标用周 K 线来看，只要周 K 线 CCI 跌穿-100，之后再升穿-100 的时候买入，成功率能达到 95%，无机会就要耐住寂寞，千万不要随便就买入，等到这个条件形成就可以。

　　3. 大赛选手"374148218com"实战案例

　　从联环药业 60 分钟 K 线图 5-16 能够清楚看出，股价在创出新低，而 CCI 指标底部在逐步抬高，形成了 CCI 指标底背离的状态，股价短期有反弹的可能。从 6 月 3 日分时图上来看，当天集合竞价的量比在 5 左右，开盘后股价迅速上攻，然而不久就遇阴回落，重新回到分时均价线附近运行，9 点 50 分股价又次放量上攻，量比同时创下当天新高，主力拉升决心增大，选手"374148218com"在创出当日新高时果断介入，当日收获涨停。

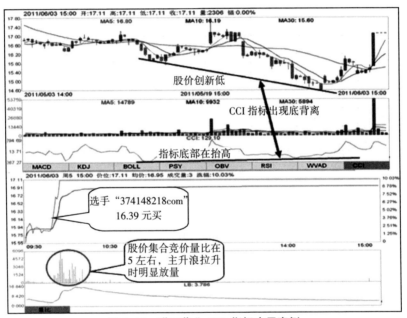

图 5-16　联环药业 CCI 指标应用案例

4. 注意事项

必须说明的是，任何指标均存在骗线的可能，结合多个指标共同研判可以提高决策的准确率。

CCI 底部买入方法可以让我们买在一个相对性的底部区域，而并不一定买在最低价。因此，我们也要结合严格的买入与止损止赢纪律。

第六章 量价背离的操作细节

在震荡市中，个股出现了明显的分化行情，有的股票升到了半空中，有的股票却躺在地板上，按照股价运行区间的不同，K线形态出现不同的走势，而量能与股价的配合度也便成了我们预判行情的重要指标。量价关系是一种最基本的看盘技巧，通常来说，股价运行到顶部或者底部时，量能将展现出买卖双方成交意愿最真实的一面，我们可以据此看出量价是否配合或者背离，从而预判股价将来的走势。

一、量价背离及其主要类型

1. 量价背离的定义

目前的量价关系与之前的量价关系发生了改变，通常量价背离会形成一种新的趋势，也可能只是上涨中的调整或下跌中的反弹。所谓的量价背离则是缩量上涨或放量下跌。

量价背离一般是指当股票或指数在上涨时成交量减少，或者下跌时成交量增大，被称为量价背离，如图6-1所示。

价升量减，就是量价背离，被认为跌之前兆。价跌量减，也是量价背离，但不是升之前兆。原因是，上涨要量，下跌不一定要量。

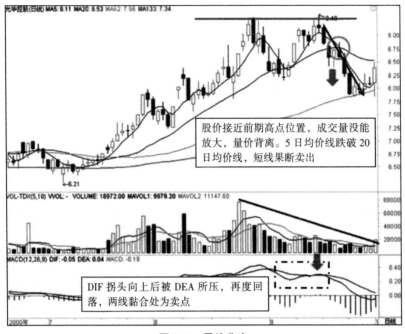

股价接近前期高点位置，成交量没能放大，量价背离。5日均价线跌破20日均价线，短线果断卖出

DIF拐头向上后被DEA所压，再度回落，两线黏合处为卖点

图6-1　量价背离

2. 量缩价涨和地量地价

股价运行到了顶部区间通常会出现很多背离与量价配合混乱现象，从实战经验来看，真正具有上涨性质的阳线，其盘中量价配合很少背离。而上涨不佳的阳线其量价多形成背离。通常意义上讲，股价的上涨幅度越高，其成交量越大，并且量价背离现象越多。而股价初涨的时候，成交量相对较小，但量价配合完美。

下面讲解两种典型的背离形态：量缩价涨（顶背离）和地量地价（底背离）。

（1）量缩价涨，如图6-2所示。

量缩价涨一般出现在上涨行情的末期，当一只股票价格出现连续拉升以后，在接近顶部的时候会出现背离信号。随着股价的逐渐上涨，成交量开始逐渐萎缩，这表明盘中的买盘逐渐在减弱，在这个过程中，股价抬升的速度会越来越缓慢，K线向上的趋势将向水平方向位移，一直

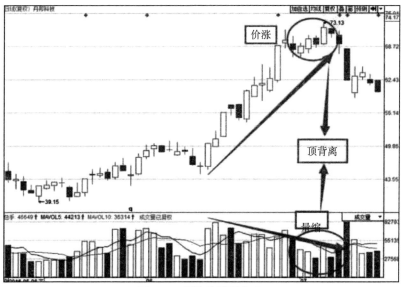

图 6-2　量缩价涨顶背离

到形成横盘的走势，此时将给出最后的逃离信号。一旦股价产生向下调整的趋势，就会引发恐慌盘加速撤离，随后将出现放量下跌的形态。

（2）地量地价，如图 6-3 所示。

图 6-3　地量地价底背离

地量地价的形成通常是股价在经历前期向下的一波调整行情后，陷入底部平台进行横盘整理，而成交量这时出现极度萎缩。在此过程中，庄家在底部会慢慢吸货，以长时间横盘来消磨散户和跟风盘的意志，一直到浮筹洗尽。

通常形成地量地价形态的股票，首先可以确定的是这只股票的安全边际相对较高，我们可以在横盘的任意周期内介入，而股价这时也不会出现太大的波动。在这里一旦行情启动，股价会形成连续拉升。

二、量价背离的原因解释

1. 缩量上涨的原因

（1）目前的低换手率，则是成交量萎缩，是用前期的高换手率或者交易时间换来的。

（2）主力控盘度很高。解释：看一看筹码分析，在中国的股市，大概50%的筹码归主力所有，当然，主力也分为三六九等。余下50%的筹码则归散户所有。因此，尽管散户抛压，问题也不是很大，只要主力稍做出承接，股价就能够缩量上涨。

（3）大盘带动。解释：某一天，大盘上升，但主力并没有准备在这一天有所动作，由于大盘带动，因此，市场购买踊跃，散户多对多。可是由于买不到太多的股票，缩量上涨。

（4）散户惜售。解释：在牛市当中，大多数人都希望自己的股票一涨再涨，因此，主力一抬升，无抛盘，自然便缩量上涨。

（5）场外资金或者空方观望。解释：无新资金介入或无大的抛压，就不可能有大的成交量出现。因此，缩量上涨。

（6）套牢盘非常重。解释：可以分为两种情况，在熊市时，中国的股市有许多的人，已经将自己的本金抽出，单独运用盈利的资金来炒作股票。因此，他便会想，套着吧，反正目前的钱也是以前赚的，等待有一天涨回来，到一定时候，我还得连本带利地赚回来。尽管是用自己的本金买股票的人，有这种想法的也大有人在。此外，在普通股民中，止损的概念还比较模糊。在牛市时，就更不必说了，更是看到希望了，我都套了这么长时间了，还忍不住啊。因此，股市里有以量破价之说，而且这个现象的发生也屡见不鲜。就是用许多的钱，去购买套牢盘，从而让股价突破并继续上升。因此，以量破价的道理也没什么奥秘可说。

（7）诱多。判断诱多有三个条件：一是短线均量线下挫；二是当天的成交量稍高于 60 日或 120 日均线；三是当日该股票价格上涨。如图 6-4 所示。

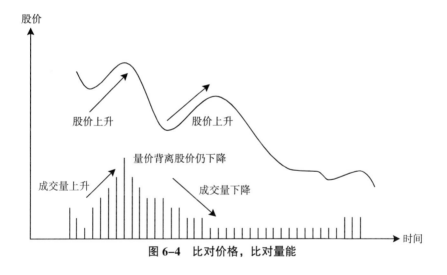

图 6-4　比对价格，比对量能

2. 放量下跌的原因

（1）熊市逃命。主力进行打压，散户空杀空，跑出来则是"胜利大逃亡"。例如，股指 2008 年 5 月 7 日。因此，会放量下跌。

（2）大盘调整。市场信心不足，抛盘便会加重，主力为了稳定股价，一定会在低位承接。因此，会放量下跌。

（3）主力派发后期。主力已经基本将股票派发完毕，盈利丰厚，然而还余少量股票，减价处理是已经不在乎股价的问题了，但由于筹码有限，成交量仅仅是相对放大。因此，会放量下跌。

（4）机构调仓。就是放弃一只股票，腾挪出资金再另建新仓。例如，歌华有线 2009 年 1 月 23 日。因此，会放量下跌。

（5）高配送后减仓。高配送之后，经由填权，主力为了变现，就会有一定的减仓行为。但由于是减仓，下跌的幅度不会很大，并且也不存在持续性。因此，会放量下跌。

（6）波浪顶。股票的走行都是呈现连续的波浪状态。在波浪的顶部，主力做出部分派发，再在低位进行承接，因为存在差价，资金可以获得增加，但持有的股票数量不变，或者资金不变，股票数量增加。因此，会放量下跌。

上述这些情况，有时是一个原因引起的，有时是多个原因共同叠加的结果，这就需要综合和具体地进行分析。

（7）震仓。有时候会放量下跌，导致主力派发的假象，然而持续的时间都不会很长。

三、量价背离的应用

在大盘分时走势当中，交易者所看到的"红柱"与"绿柱"也称为主动性买卖盘，是验证分时走势涨跌能否持续的重要量能指标。

道氏理论讲到"成交量验证价格趋势"，可见成交量对价格趋势的重要性，所以主动性买卖盘对盘中趋势转折的验证至关重要。

1. 主动性买盘与卖盘

（1）主动性买盘是指以高于现价挂买单主动成交的成交单，同时计入外盘。外盘就是主动性买盘的总和。高于现价买入表明买盘比较积极，易推动股价的上涨。

（2）主动性卖盘是指以低于现价挂卖单主动成交的成交单，同时计入内盘。内盘就是主动性卖盘的总和。低于现价卖出表明卖盘比较积极，易推动股价的下跌。

2. 主动性买盘与卖盘和大盘指数（白线）的四种关系

（1）股价创新高，同时对应的主动性买盘（红柱）高点也创新高，表示买盘推动上涨，属于健康的上涨状态，上涨易持续。

（2）股价创新高，但对应的主动性买盘高点未创新高，量价背离，表示买盘不支持上涨，上涨乏力，易发生回落，避免追高。

（3）股价创新低，同时对应的主动性卖盘（绿柱）低点创新低，表示卖盘推动下跌，属于正常的下跌状态，下跌易持续。

（4）股价创新低，同时对应的主动性卖盘未创新低，量价背离，表示此时并没有那么多人愿意卖出，下跌动能减缓，易止跌或发生转折，避免杀跌。

一般来讲，量价齐升是健康的上涨，上涨需要主动性买盘的推动。一旦量价背离，股价就容易发生转折。同时，量价的背离进一步验证指数的背离，两者的结合就是转折的开始。

注意事项：

（1）大盘领先指标只运用分析大盘，个股不适用。

（2）主动性买卖盘也会有骗线，分析时需要综合考虑。

（3）大盘分时的节奏影响个股盘中走势，通过分析大盘分时走势把握个股买卖时机。

四、量价背离常见的一些疑问

（1）底部建仓阶段形成的量价背离，如图 6-5 所示。

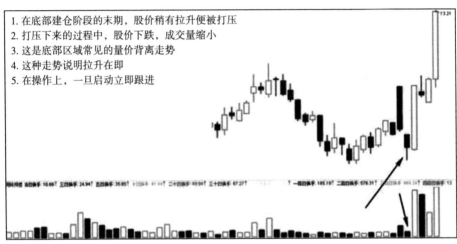

1. 在底部建仓阶段的末期，股价稍有拉升便被打压
2. 打压下来的过程中，股价下跌，成交量缩小
3. 这是底部区域常见的量价背离走势
4. 这种走势说明拉升在即
5. 在操作上，一旦启动立即跟进

图 6-5　底部建仓阶段形成的量价背离

（2）底部建仓阶段形成的缩量涨停，如图 6-6 所示。

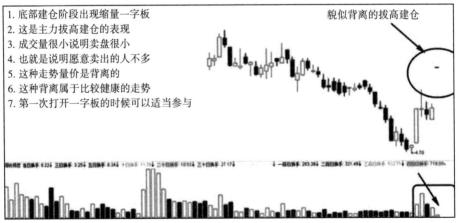

1. 底部建仓阶段出现缩量一字板
2. 这是主力拔高建仓的表现
3. 成交量很小说明卖盘很小
4. 也就是说明愿意卖出的人不多
5. 这种走势量价是背离的
6. 这种背离属于比较健康的走势
7. 第一次打开一字板的时候可以适当参与

貌似背离的拔高建仓

图 6-6　底部建仓阶段形成的缩量涨停

（3）拉升初期形成的量价背离，如图 6-7 所示。

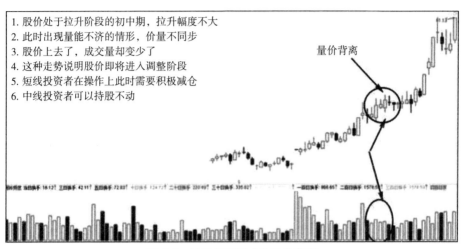

1. 股价处于拉升阶段的初中期，拉升幅度不大
2. 此时出现量能不济的情形，价量不同步
3. 股价上去了，成交量却变少了
4. 这种走势说明股价即将进入调整阶段
5. 短线投资者在操作上此时需要积极减仓
6. 中线投资者可以持股不动

量价背离

图 6-7　拉升初期形成的量价背离

（4）拉升末期形成的量价背离，如图 6-8 所示。

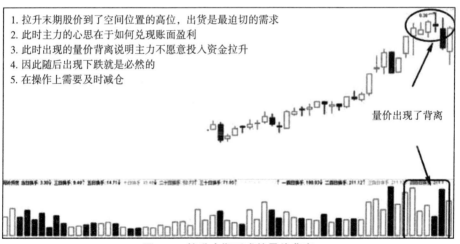

1. 拉升末期股价到了空间位置的高位，出货是最迫切的需求
2. 此时主力的心思在于如何兑现账面盈利
3. 此时出现的量价背离说明主力不愿意投入资金拉升
4. 因此随后出现下跌就是必然的
5. 在操作上需要及时减仓

量价出现了背离

图 6-8　拉升末期形成的量价背离

（5）盘头阶段形成的量价背离，如图 6-9 所示。

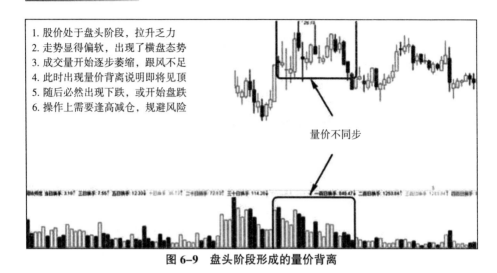

1. 股价处于盘头阶段，拉升乏力
2. 走势显得偏软，出现了横盘态势
3. 成交量开始逐步萎缩，跟风不足
4. 此时出现量价背离说明即将见顶
5. 随后必然出现下跌，或开始盘跌
6. 操作上需要逢高减仓，规避风险

量价不同步

图6-9　盘头阶段形成的量价背离

（6）下跌初期形成的量价背离，如图6-10所示。

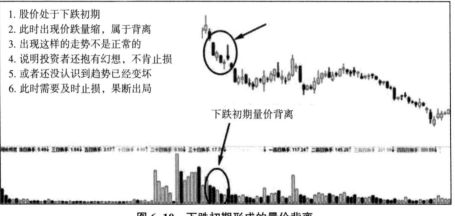

1. 股价处于下跌初期
2. 此时出现价跌量缩，属于背离
3. 出现这样的走势不是正常的
4. 说明投资者还抱有幻想，不肯止损
5. 或者还没认识到趋势已经变坏
6. 此时需要及时止损，果断出局

下跌初期量价背离

图6-10　下跌初期形成的量价背离

（7）下跌中期形成的量价背离，如图6-11所示。

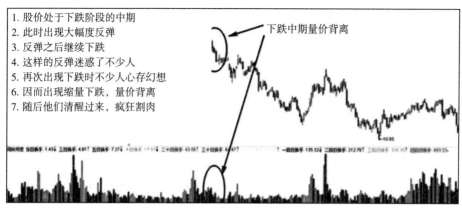

1. 股价处于下跌阶段的中期
2. 此时出现大幅度反弹
3. 反弹之后继续下跌
4. 这样的反弹迷惑了不少人
5. 再次出现下跌时不少人心存幻想
6. 因而出现缩量下跌，量价背离
7. 随后他们清醒过来，疯狂割肉

下跌中期量价背离

图 6-11　下跌中期形成的量价背离

（8）下跌末期形成的量价背离，如图 6-12 所示。

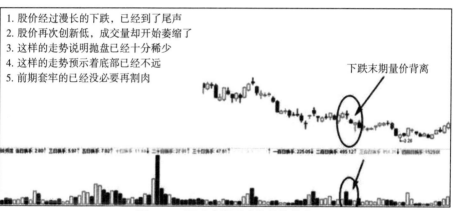

1. 股价经过漫长的下跌，已经到了尾声
2. 股价再次创新低，成交量却开始萎缩了
3. 这样的走势说明抛盘已经十分稀少
4. 这样的走势预示着底部已经不远
5. 前期套牢的已经没必要再割肉

下跌末期量价背离

图 6-12　下跌末期形成的量价背离

（9）分时图拉升时的量价背离走势，如图 6-13 所示。

（10）分时图下跌时的量价背离走势，如图 6-14 所示。

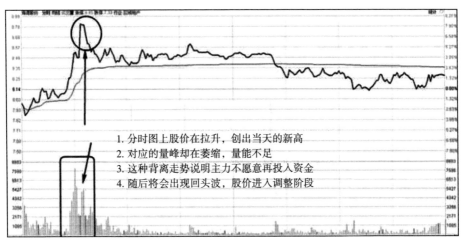

1. 分时图上股价在拉升，创出当天的新高
2. 对应的量峰却在萎缩，量能不足
3. 这种背离走势说明主力不愿意再投入资金
4. 随后将会出现回头波，股价进入调整阶段

图 6–13　分时图拉升时的量价背离走势

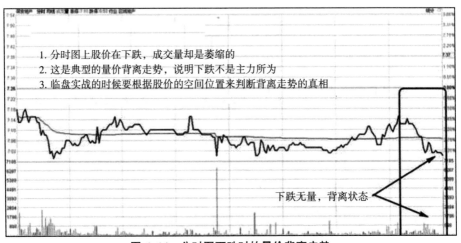

1. 分时图上股价在下跌，成交量却是萎缩的
2. 这是典型的量价背离走势，说明下跌不是主力所为
3. 临盘实战的时候要根据股价的空间位置来判断背离走势的真相

下跌无量，背离状态

图 6–14　分时图下跌时的量价背离走势

五、量价背离与"双峰"分析

量价背离的现象可以产生在任何周期，不管在哪个周期产生，均将预示着股价同方向运动能量衰竭，股价一定要做反方向的运动。其原理

是，当股价正在向某方向运动的时候，量能不能有效地与价格配合，导致了这个方向运动的空方或多方量能冲力减弱，其另一方的力量相对增强，造成股价改变运动方向，如图 6-15 所示。

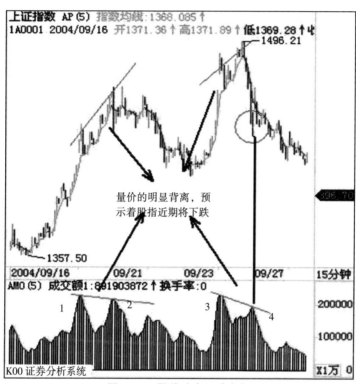

图 6-15　股价改变运动方向

图 6-15 中标明 1、2、3 的位置，均是由多方的上涨力量而造成的量能峰，被称为多方峰；而标明 4 的位置是空方下跌力量所导致的量能峰，被称为空方峰。

图 6-15 中 1 处、2 处明显的量价背离，是个较为理想的对应，它的预示意义是毫无疑问的。3 处、4 处的有些小出入。3 处为多方峰，4 处为空方峰，而且两个量能峰是相邻峰，尽管第四个量能峰是由空方力量下跌所造成的，但我们将它看作在同一个地方、同样的量能下具有与多方峰相同的效果，即当股价的趋势向某个方向运动时，其对应的量所形

成的量能峰，不管它是空方峰还是多方峰，都可以看作同趋势下的量能峰。这是一种将问题简化的方法，尽管大致效果是一样的，然而从微观上来看，这里的空方峰比多方峰具有更大的指导意义，它表示着股价向反方向运动的动能更大。

六、日 K 线的量价背离卖出技巧

（1）股价创新高收带上影线阳 K 线，而成交量锐减。股价创出新高，表明已经经过一轮波段涨幅，这轮涨幅从突破 10 日均线算起至少有 20% 涨幅以上，在此情况下，股价当日创出新高后，盘中受到卖压而呈现回落，所以，当日的 K 线以上影线的阳 K 线报收。而成交量相对前一交易日出现明显萎缩，这表明主力已经在盘中出货，股价将要见顶回落。这时应当果断卖出，如图 6-16 所示。

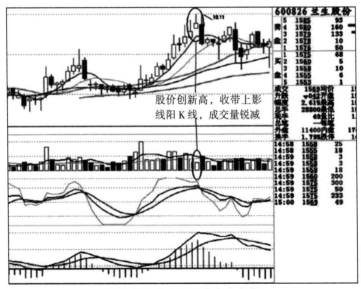

图 6-16 主力已经在盘中出货

（2）股价创出新高收带长上影线阴 K 线，而成交量大增。股价创新高表明已经经过一轮高达 20% 以上的单边波段涨幅，在此情况下，股价于当日创出新高后，盘中呈现卖压而回落，当日的 K 线以长上影线的阴线报收。而成交量相对前一交易日却出现大量剧增，这表明主力已经在盘中疯狂抛售，股价将要见顶回落。这时应该果断卖出，如图 6-17 所示。

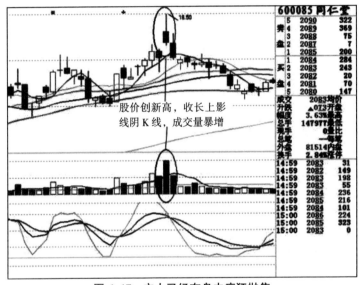

图 6-17 主力已经在盘中疯狂抛售

（3）股价创出新高收小十字星 K 线，而成交量大增。股价当日创出新高后，盘中受到卖压而呈现回落。由于跟风买进的交易者相对积极，盘中形成窄幅震荡整理，所以，当日的 K 线以带长上下影线的十字星报收。而成交量相对前一个交易日却呈现明显放大迹象，这表明主力已经在盘中反复震荡出货，股价将要见顶回落了。这时应该果断卖出，如图 6-18 所示。

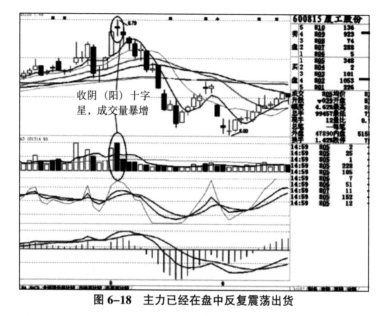

收阴（阳）十字星，成交量暴增

图 6-18　主力已经在盘中反复震荡出货

（4）股价创出新高收大阳 K 线，而成交量锐减。股价于当日反复震荡盘升创出新高，并收盘在最高价附近，当日的 K 线以大阳线报收。而成交量相对前一个交易日明显萎缩，表明当日的上涨主要由主力在盘中对敲完成，而实际情况却是在盘中悄悄出货，股价攻克无力，将要见顶回落。这时应该在第二日果断卖出，如图 6-19 所示。

此外，补充两点：

第一点是 K 线量价背离适用于日线及其以下直到 1 分钟级别的微观波动，对于周线及其以上的波动有效性会打折扣。简单来说，K 线量价背离主要运用在以日线、小时、分钟为主导的短线、超短线当中，依据不同的操作级别来做出判断，更长的周期级别那就需要结合更多因素去做判断。

对于股票交易而言，若是持股 3 天以下的超短线，1 小时为主，结合30 分、日线辅助就足以判断；假如是持股 1 月以内的中短线，那可以凭日线去做判断。

第二点是在横盘震荡期出现的无背离阳量柱并不是要立刻买入的，

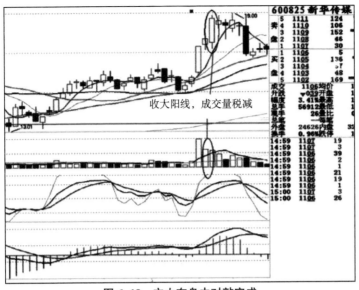

收大阳线，成交量税减

图 6-19 主力在盘中对敲完成

一般会在同周期有回调或横盘震荡出现后，依据子周期判断末端再买入；只有在突破后的沿轨攻击形态下形成的无背离阳量柱，才能马上在子周期寻找相应买点介入。

七、量价背离的交易法则

在盘局中，如果出现了"股价一往上涨，成交量便立刻缩减，股价一往下跌成交量就立刻增加"的量价背离走势时，盘跌的可能性相当大。为什么呢？这得从人们的心态上去找原因。上述形态多出现在下降行情中，股价经过一段下跌后，一般会出现一波反弹走势或横盘走势，反弹时，大家持观望态度，不愿做多，成交量就会缩小；当股价向下跌落时，人们担心股价会继续大跌，忙着逃命，不顾成本大量杀出，成交量就增加，最终导致"多杀多"现象，股价向下突破，结束盘局，如图 6-20 所示。

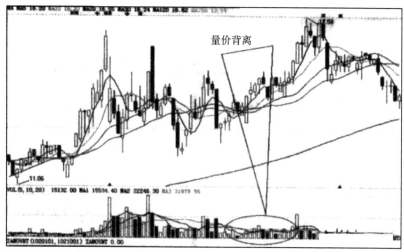

图 6-20　盘档的时间越长，后市下跌的可能性越大

操作要点：

（1）盘档时间没有一定的规律，一般在 6 天左右，长时可达一个月以上，一般来讲，盘长盘短不影响后市下跌的可能性。但实践证明，盘档的时间越长，后市下跌的可能性越大。

（2）盘档中，有些股票并不是完全按"股价上升时成交量就减少，股价下降时成交量就增加"的规律运动，只要盘档期的大多数时间符合背离走势就行。

（3）判断盘档后期是否下跌，可结合 K 线图的走势进行印证，如果 K 线图同时出现了向下滑落的信号，应坚决出货，以防大跌。

八、分时图量价背离操作策略

先做一个定义：对于分时图量价背离发生的情况，在走势高点逐级抬高的分时量能通常会有三级逐级减小，称为前量柱、中量柱、后量柱，前量柱>中量柱>后量柱为较彻底的背离，能否化解我们需要结合如下的形态分析。前量柱>后量柱>中量柱的背离通常化解的概率较高，但若形成新的背离也需要按照如下分析来判断。

分时图量价背离有几种分类：

（1）从背离发生的时间位置上，分为早盘背离、盘中背离、尾盘背离三种，把一天的分时时间三等分，分别对应相应的时间背离。

（2）从背离发生的高低位置上，分为高位背离和低位背离两种，指的是背离发生位置处于分时走势的高位还是低位。

（3）从背离发生的时间跨度上，分为短背离和长背离两种，指的是股价在连续上攻的较短时间（一个半小时）内发生的背离和在较长时间调整（超过一个半小时）后再次上攻发生的背离。

对于发生以上三种背离后，能够化解的可能性大小和容易程度如下：

早盘背离 > 盘中背离 > 尾盘背离。

高位背离 > 低位背离。

短背离 > 长背离。

因此，最不容易发生化解的形态为尾盘低位长背离，其次为盘中低位长背离，遇到这两种情况，我们都得出局先看看。最有可能发生化解、实际走势中化解得最多的为早盘高位短背离。

我们研究背离化解的情况，通常出现在强庄股中，普通个股化解的概率较低，不是我们关注的对象。在强庄股的 K 线走势中，也会发生在不同的位置，具体分为平台突破位、涨停中继位、连续涨停位、回调起涨位。

就分时图背离化解的概率大小而言，涨停中继位＞连续涨停位＞回调起涨位＞平台突破位。

此外，对于连续涨停位的化解概率而言，带缺口的能够化解的可能大于不带缺口的。对于回调起涨位的化解概率来说，回调周期短的短回调大于回调周期长的长回调。短回调通常不回调到 BOLL 中轨，长回调通常回调到 BOLL 中轨。

因此，我们判断当分时图量价背离发生时，能否化解，就要结合背离发生的 K 线位置和分时图量价背离分类这两大重要因素来分析。背离化解最多的情况发生为涨停中继位的早盘高位短背离，其次为带缺口连续涨停位的早盘高位短背离。

对于我们判断有可能发生化解的形态，我们可以先观察走势。而对于化解可能性较小的个股，坚决卖出，其后若能化解再接回都可以，以此回避风险。

分时图量价背离的化解从方式上分强化解和弱化解。强化解指的是背离发生后，用低回调、小振幅、不破均线来进行化解，其后组织新的上攻；弱化解指的是背离发生后，用较大幅度回调，往往是破均线，较长时间震荡后，重新组织上攻。

分时图量价背离的化解从化解的时间上分快化解和慢化解。快化解指的是在较短时间内（一个半小时以内）化解后继续上攻；慢化解指背离发生后用较长时间（一个半小时以外）化解继续上攻。

对于化解后的攻击力度而言，强化解＞弱化解、快化解＞慢化解。而我们通常还要结合次日的缺口、量能情况来判断其后的走势及攻击力，以便在次日做出正确的抉择。

有一种情况要注意：当背离发生后，若股价一直不跌，较长时间震荡，无论是强化解还是弱化解，但形成慢化解时，可先观察。但一旦股价创新高，不能拉涨停，并且释放的量能小于中量柱，此时需要卖出，因为此次诱多的概率很大，能否接回要根据最后整体走势、量能形态酌情而定。

第七章　把握好背离与背驰不同之处

背离是背驰的前奏与预演，而背驰就是趋势的最后那一次背离。无论趋势的背离发生多少次，趋势终归会有最终结束的时候。由于行情的最后那一次背离就是背驰，那么，理论上只要找到了趋势的背驰点，就找到了趋势反转最为关键的节点，也就是实际操作中的最佳买卖点。所以，操作的核心就是由寻找背离点最终上升到寻找背驰点。

一、背离与背驰有什么区别

背离与背驰当然是两种东西，例如背驰的一个前提条件是在这段走势类型中，中枢级别是要相同的，这是一个百分之百的前提，如果级别不同，那判断背驰的前提都没有满足，判断不对很正常。例如背了又背，其实大部分时候是因为在走势运行的这段中形成的类中枢的级别不同造成的指标现象，背了又背其实是根本没背驰。而精确判断背驰的关键之一就是要搞清楚所谓的这个趋势里的 N（大于等于 2）个中枢是否是同级别的中枢。

而背离大部分不过是量价或者量价中某一因素与设定的参照系出现反向运动的时候的一种表现，背离信号出现的要比背驰信号频繁得多。像现在学理论的人经常念叨的背了又背，其实真正的含义是背离了又再背离，而不是背驰了又再背驰。背离了可以再背离，甚至可以等很久之后才产生与背离方向相反的走势去修复指标，而背驰不同，背驰就是背驰，背驰出现了就不可能在完成图形修复之前再次出现背驰。注意：背离主要修复的是技术指标上的超买或者超卖的现象，而这个修复的过程会带动图形本身进行修复，但修复性背离不对图形本身的修复有任何承诺。而背驰不同，背驰修复的是图形本身，并在修复图形本身的同时带动技术指标的修复，背驰对图形本身的修复是有承诺的，即一定达到趋势走势类型的最后一个中枢，这里面的区别基本上学理论的人是没有人明白的。

背驰和背离一样，都是事物即将走向反面的征兆，但背驰和背离无论在量还是质上都是有所区别的，趋势的背离，不管是形态还是技术指标，从一开始背离起，行情可以马上发生转折，却也可以背离了再背离，甚至多次背离后才发生真正转折。无论采取哪种转折方式，理论上都是合理的、允许的。而背驰却有所不同，背驰一旦产生，则马上发生转折。背驰是背离量积累到一定程度下发生的质的变化，是背离的蜕变和飞跃。

背离和背驰，前者出现在传统技术分析中，后者在缠论中出现，整体就是一种技术分析概念。顶背离、底背离、背离、背驰应该有细节不同。例如，背离是一种市场动力不足的表现。背离是指标的，背驰是走势分解的。背离是背驰的基础，背驰就是由不断的点位背离构成的。

那么，我们如何把握好它们的不同点呢？

1. 背离

我们把价格与指标的反向走势称为背离，可以观察 MACD 红绿柱长短线、快慢线的位置以及形态的变化。在走势中经常是背离了又背离之后，继续上涨，只有小级别的买卖点出现，致使不明背驰的初学者，在大级别上容易操作失误，错过大好时机。

背离就是一方犹豫了，一方坚决了，造成力度钝化，表现在结构上，就是结构形态的钝化以及相应线段的倾斜度，在盘面上就是买方和卖方的成交速率的比较发生了背离。对于买而言，就是多方接单的额度变化超出了空方出单的额度变化，也就是在空方力竭之后，多方买进的速度超出了空方，空方只好被多方牵着鼻子走，慢慢地消化多方的买单，反之亦然。

背离的实质说简单点就是价格还在朝一个方向运动，但是速度已经开始放缓了，力度已经达不到过去了，就是价格和速度的关系。就像一辆高速运转的汽车，一个刹车不足以停下，要很多下才会停下。背离也是如此。背离的出现，并不代表原趋势会立即停止或者反转，背离只是一个信号，是一个提示，原趋势有可能停止运动。

背离通常是走势和某个指标（KDJ、MACD、RSI、成交量、成交量均线等各种指标）走势方向上的相反，或力度上的相左。尤其是前者，从这个大致的背离概念上，可以看出背离的侧重点是走势和指标形态上的不同步，甚至是反向。从形态上的这种变化来观察走势力度的变化。

但是，这种形态上的变化，经常出现失效的情况。即背离 ≠（走势）转折，从这个意义上看，背离仅仅给出了（走势）转折的概率性的指导参考。只是参考，不能给出转折的必然性指示。

2. 背驰

没有趋势，没有背驰。

背驰—转折定理，给出了背驰发生后，（走势）转折的三种情况。

从这些概念内容，得到一个结论：背驰发生，必然转折。

背驰相邻或相近两线段间力度及时间的对比。也可以观察 MACD 相邻两波红绿柱，对比高度与面积，同时注意快慢线的位置以及形态的变化。背驰是在背离的状态下 DIF、DEA 都要回到零轴附近，背驰提示原趋势即将转折。

趋势背驰，简称趋驰。

背驰是相对于趋势而言的，没有趋势，没有背驰。而趋势的前提就是本级别中枢的个数 ≥2，这个最基本的前提都满足不了，就无所谓背驰了。

对于一段趋势来说，背驰只会一次，这就解决很多又提到的"背了又背"的问题，因为他们所谓的"背驰"，并不是标准意义上的背驰。缠终禅注：标准意义上的背驰，其 DIF、DEA 应当在零轴附近有一个有力的反弹。

一个标准的背驰形成前，必然形成一个中枢，以上涨为例，这个中枢形成的开始，MACD 相应的辅助表现为黄白线从零轴下面穿上来，在零轴上方停留的同时形成了第一个中枢，同时在零轴附近形成第二类买点，其后突破该中枢，MACD 的黄白线迅速拉起，红柱放大，这一段往往最有力度，其后一个次级别背驰，结束了这个向上段，开始形成第二个中枢。这时，MACD 黄白线会逐步回到零轴附近，然后以相同的方式突破中枢，不同的是，这次红柱的面积不能超过前向上升段的面积，背驰形成，这个标准的上涨趋势结束。

（1）离开级别，无所谓趋势。首先判别是在哪个级别出现趋势，而且是前后两个趋势，然后才有谈论背驰的可能。

（2）没有趋势，没有背驰；背驰是前后趋势间的比较，也就是说，在同一级别图上存在两段同方向的趋势是出现背驰的前提。思维要转过来，这里的思维和其他地方完全不同。别以为看到绿柱子就知道背驰，那只是辅助手段，首先要搞清楚趋势。背驰是趋势和趋势比，和盘整无关。盘整里的绿柱子是没有意义的。形成趋势的才算面积，否则不断缠绕的是盘整。盘整不是趋势，当然不算。这必须搞清楚。

（3）趋势、盘整等，都必须要有明显的高低点。没有明显高低点的，只能构成趋势或盘整中的一段。

二、关于背驰的概念

1. 背驰的含义

背驰指的是在某级别趋势当中，形成最后一个本级别中枢的第三类买卖点之后的趋势力度比这个中枢以前的次级别连接趋势力度要弱。也就是说，背驰实际上就是力度衰竭的表现。例如，在图 7-1①中，C 段与A 段相比。盘整中当下笔或者线段比前一笔或者线段力度要弱，便产生了盘整背驰。例如，在图 7-1②中，C 段与 A 段相比。

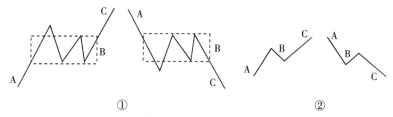

图 7-1　背驰实际上就是力度衰竭的表现

简单来说，背驰就是背道而驰的意思，这就指走势与某种东西背道而驰了，非常容易理解，这种东西就是量能。

那么，什么是量能呢？从物理学的角度来看，其实就是加速度的平方。量能跟成交量并没有一定的关联。它好比是你在荡秋千的时候后面推你的手，假如这只手停止推你的话，尽管你很可能因惯性荡得很高，可是你必然会停下来的。假如走势要是背驰的话，那么必须先要找到一种指标能够表示这种量能，而 MACD 的红绿柱便很吻合。

即使有了指标，接着最关键的就是找出走势创下新高，可是指标没有创新高的地方，那就是走势与指标背驰的地方。在此过程中，最关键的是必须清楚地了解对哪两段进行比较。而这应该是在理解走势和级别的基础上才能做到。背驰从某种意义上来讲只有两种：背驰和盘背，它们分别对应的走势的两种类型则是趋势和盘整。其他的比如段内背驰都能够放在更大的放大镜下，根据趋势背驰或者盘整背驰去观看。

假设你的操作级别最近一个中枢是在一个趋势当中，那么你要做的则是根据趋势背驰的判断方法去判断背驰。不过，若这个趋势没有背驰，那就存在了从这个最后中枢走出的次级别走势盘整背驰的情况，甚至次级别也没有盘整背驰，然而这个走出的次级别走势出现了趋势背驰等情况，而这些背驰反弹的力度是有极大区别的。换言之，理论上保证的反弹幅度是不相同的，这应该在理解级别的情况下认真地去甄别。

2. 背驰的级别

所谓背驰是分级别的，例如，一个 1 分钟级别的背驰，在很多情况之下，是不会创造一个周线级别的大顶，除非在日线上同时也形成背驰。然而形成背驰后一定会有逆转，逆转到重新形成新的次级别买卖点为止。也就是说，所有的逆转一定包含某级别的背驰。而逆转并不意味着永恒，例如，在日线上往上的背驰创造一个卖点，下跌之后，在 5 分钟或者 30 分钟形成往下的背驰创造一个买点，接着从这个买点开始，又能够重新地上升，甚至是创新高，这则是非常正常的情况。假如市场的转折与背驰在级别上都有一一对应关系，则这个市场就没有任何意义了，而且极其呆板。只有这种小级别背驰逐渐积累之后制造大级别转折的可能，才能够让市场充满当下的生机。

那么，背驰的级别是根据什么周期表上 MACD 回抽 0 轴来进行辨别呢？还有背驰的级别是如何确定？

（1）要观察 MACD 是否回抽 0 轴。

（2）MACD 回抽 0 轴之后，去观察 MACD 的黄白线的位置是否有差距。

（3）如果黄白线的位置有差距，就进入背驰段，这时候打开次级别图表，去观察背驰段中的背驰是否成立。

（4）在背驰段中的背驰可以去参考 MACD 红绿柱的面积的绝对值。

上述四个条件都满足，那么本级别背驰就确立了。

实际上，背驰就是市场的一种合力，不是主力能够控制的，也不是经验之谈。背驰就是市场合力发生变化的一种客观表现。

三、背驰的主要类型

背驰主要有四种类型，分别为趋势背驰（其实就是标准背驰）、盘整背驰、内部背驰以及笔背驰。

1. 趋势背驰

在走势趋势中形成的背驰，叫作趋势背驰。在上涨趋势中的背驰叫作上涨背驰；在下跌趋势中的背驰叫作下跌背驰。趋势背驰是真正的背驰，又可以叫作标准背驰。趋势背驰就是与向中枢所形成的趋势中的 bc 段比较。趋势一定包含至少两个中枢，这里采取最简单的方式，设 A，B 为某段趋势的两个中枢。两个中枢前后通常都会有三段次级别走势，设它们为 a，b，c。则整个走势就能够表示为 a+A+b+B+c。

当 a+A+b+B+c 有了背驰的时候，首先必须 a+A+b+B+c 就是一个趋势。而一个趋势便意味 A、B 就是同级别的中枢，a、b、c 就是分别围绕 A、B 的次级别震荡。B 这个大趋势的中枢就会将 MACD 的黄白线（也就是 DIFF 和 DEA）回抽到 0 轴附近。而 c 段的走势类型完成的时候对应的 MACD 柱子面积（往上看红柱子，往下看绿柱子）要比 A 段对应的面积小一些，此时就形成趋势背驰。c 一定是次级别的，换言之，c 至少包含着对 B 的一个第三类买卖点，否则的话，就当作是 B 中枢的小级别波动，完全能够运用盘整背驰来处理。假如 a+A+b+B+c 是上涨，c 必须要创出新高；a+A+b+B+c 是下跌，c 必然要创出新低，否则的话，那就是 c 包含 B 的第三类买卖点，也能够对围绕 B 的次级别震荡运用盘整背驰的方式加以判断。对 c 的内部加以分析，因为 c 包含 B 的第三类买卖点，所以，c 至少包含两个次级别中枢，否则满足不了次级别离开之后，次级别回拉而不会重新回到中枢的条件。这两个中枢形成次级别趋势的关系，就是最标准、最常见的情况，在此情况下，就能够套用 a+A+b+B+c 的形式对次级别进行分析确定 c 中内部结构里次级别趋势的背驰问题，构成类似区间套的状态，这样对它后面的背驰就能够更加准确地进行定位了。

趋势背驰在通常情况下，第二个中枢后就形成背驰的情况，这个情况非常常见，尤其是在日线以上的级别，这种简直能达到 90% 以上，所以，若一个日线以上级别的第二个中枢，必须要密切注意背驰的产生。而在小级别当中，比如 1 分钟的情况之下，这种概率要小一点，然而也是占大多数。四五个中枢之后才形成背驰的，这是非常罕见的。

2. 盘整背驰

在盘整背驰中形成的背驰，叫作盘整背驰。往上盘整走势中的背驰叫作盘整顶背驰；往下盘整走势中的背驰叫作盘整底背驰。

盘整背驰就是与中枢中的前后同向段进行比较。假如在第一个中枢就形成了背驰，则这不是真正意义上的背驰，仅仅算作是盘整背驰，它真正的技术含义就是一个试图离开中枢的运动，由于力度比较有限，被阻挡而重新回到中枢中。

通常而言，小级别的盘整背驰的意义并不太大，应该与其位置相结合，假如是高位，那么风险就非常大，通常是刀口舔血的活动。但若是低位，那么意义就不一样了，由于大多数的第二、第三类买点都是由盘整背驰形成的，而第一类买点绝大多数由趋势的背驰形成的。通常来讲，第二、第三类的买点均有着一个三段的走势，第三段通常突破第一段的极限位置，进而产生盘整背驰。必须注意：这里将第一、第三段当作两个走势类型之间的比较，这与趋势背驰里的情况是不一样的，这两个走势类型是否必须是趋势，问题都不太大，两个盘整在盘整背驰中也可以进行力度比较。

盘整背驰是非常有作用的，就是应用在大级别上，尤其是至少周线级别以上的，这种盘整背驰所发现的，通常就是历史性的大底部。与MACD相配合，这种背驰是非常容易判断的。

3. 内部背驰

它是从本级别以下的走势的内部进行研究。

这里有几条原则：

盘整背驰的形成意味着本段走势的结束。本段走势就是指本级别的上级别。盘整背驰意味着本级别的一段走势的结束，接着就会产生转折。在很简单的一个中枢走势段中，引起本段走势结束的有可能是盘整背驰或其内部背驰。

形成盘整背驰或盘整背驰意味着内部会形成背驰，然而并不一定是次级别形成盘整背驰，有可能是次次级别与次次次级别。

大级别的盘整背驰形成，它的内部一定有小级别的盘整背驰或者盘整背驰形成。

小级别的背驰大多数引起小级别的行情发生转折，然而也有小级别的背驰引爆大级别行情转折的情况。

大级别的盘整背驰与盘整背驰往往引起大级别的转折。转折的幅度与背驰没有关系。

背驰只是意味着转折。背驰的级别和转折的幅度没有必然的关系。

4. 笔背驰

笔背驰又称为类背驰，它的稳定性非常差，通常极少用。判断的方法就是观察 MACD 的红绿柱伸长还是缩短来加以比较。而笔背驰的比较最好把本级别的笔切换到次级别中去用段背驰的方法加以比较。假设是1F 级别的比较，由于它基本是最低级别，不过也可以看分笔进行操作，然而这对股票的操作意义不太大，它来源于 T+0 制度，如此的低点大概连手续费都打不出来。

四、背驰的判断要点

背驰并不是技术分析理论中最高深的部分，然而的确是判断与操作中技术含量最高、实战经验要求最高的内容，也是操作水平与盈利的关键环节。

在通常技术分析中，背驰就是股价与技术指标、股价与成交量、市场不同指数之间的不同步。

那么，我们如何去判断"背驰"呢？缠论先定义一个概念，叫作缠论趋势力度：前一"吻"的结束跟后一"吻"的开始由短线均线跟长期均线相交所构成的面积。在前后两个方向相同趋势中，当缠论趋势力度比上一次缠论趋势力度要弱，便产生"背驰"。

1. 判断背驰的两种基本方法

（1）在本级别的次一级别图当中，运用缠论趋势力度寻找背驰。

（2）从本级别图中，运用缠论趋势平均力度：当下跟前一"吻"的结束时短期均线跟长期均线构成的面积除以时间，马上能够得出两段缠论趋势平均力度的强弱对比，一旦这次比上次弱，就能够判断"背驰"将要发生（其后运用 MACD 观察就会更加直观）。

关键就是要学会运用均线过滤趋势级别，并明确没有趋势就没有背驰。缠论做出了这样的总结：

（1）形成趋势之后再谈背驰，对于一段趋势而言背驰只会一次。

（2）由短线均线跟长期均线相交所构成的面积。在前后两个方向相同的趋势中，当趋势力度比上一次趋势力度要弱，或是运用短线均线与长期均线形成的面积除以时间，一旦这次比上次弱，就能够判断"背驰"将要产生，形成趋势的才算是面积，否则的话不断缠绕的是盘整。这应该弄清楚。

（3）如果股价创新高，那么 MACD 红柱子就会变短；如果股价创新底，那么 MACD 绿柱子就会变短。

（4）底背驰：长均线在向上趋势中。例如，日线图上 30 日均线。

（5）对于通道式的趋势而言，必须要运用黄白线的高度来判断。例如，尽管在上涨中，红柱子的面积比前面的小，然而黄白线却越来越低，这样就能够判断是否是背驰，尤其是第二次、第三次产生这种情况，那则是严重背驰了。此时，就要变天了，就要出大事了，必须要清仓。

2. 用买卖点判断

一个中枢两端和两个方向相同走势的力度，力度偏弱、接近衰竭时，市场即将发生逆转，便会形成一定级别的买卖点。根据缠论背驰——买卖点定理来进行说明：任一背驰都一定创造某级别的买卖点，任一级别的买卖点都一定来源于某级别走势的背驰。

3. 用 MACD 对背驰的辅助判断

先选定两段相同方向的趋势。相同方向趋势之间必须有一个盘整或者反向趋势连接，将这三段分别叫作 A 段、B 段、C 段。A 段与 C 段是同向的走势，B 段则是连接它们的中枢。若是下跌的，便会在 MACD 指标中形成绿色，假如是上涨的，就会形成红色，将 A 段与 C 段红色、绿色的面积进行比较，则是判断背驰的关键。在上涨或者下跌的最后阶段判断出来，通常都能在最高价位抛售和在最低价位附近买入。将背驰与"区间套"相结合的方法，能够准确地去判断买卖点。

4. 背驰的当下判断

有的走势当走到最后的背驰位置的时候，背驰依然十分明显。假如可以将前面的走势分解好，当下判断背驰点就没有任何问题。

那么，当下如何判断背驰？

例如，我们以 abc 三段走势为例，当前走势到 b 段的时候，是如何判断 b 段走势的完结？

答案就是靠 b 段走势的此级别走势完成至少一个中枢的走势类型。当然这个在当前级别的 b 段也能够看出来，而形成的这个走势类型中的 abc 三段走势产生 ac 背驰，就能够判定，即将形成一段上涨，这段上涨级别将至少达到 b 段的这个级别中枢位置。

而如何判断 c 段上涨的终结呢？

先是依据走势必完美，c 段一定构成这个级别的中枢，在 c 段内部运用背驰的方法加以判断来确定卖点。

综上所述，要判断任何一段走势的完结的必要条件就是其这个级别走势完美，也就是说，这段已经产生一个这个级别中枢，而走势的终结就要看段内的 ac 背驰。

五、趋势背驰后的三种情况

如果能分辨背驰之后，就可以比较准确地进行操作，接着要关心的，就是背驰以后会发生一些什么。应该注意，这里的分析是对走势加以最根本的分类，在理论中把普遍的现象加以广泛的分类，那实际操作中就不必每天有事没事来分个类什么的，在实际操作中天天进行分类的，归根结底就是没有将理论的分类弄得清楚明白。

缠论背驰—转折定理：某级别趋势的背驰将造成该趋势最后一个中枢的级别扩展，该级别更大级别的盘整或者该级别以上级别的反趋势，这就是一个某级别的趋势走势类型，即为 a+A+b+B+c。

（1）我们来看第一种情况：最后一个中枢的级别扩展。

在 9 点之后的走势若到达了 7 点而并没有到达 5 点，如图 7-2 所示。

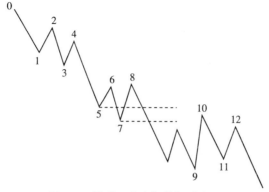

图 7-2　最后一个中枢的级别扩展

在 10 点仅仅是突破了中枢震荡低点，此时 9、10 线段完成，那么从 10 点开始一定有一个往下的线段出来，走到 11 点，要注意，这个 11 点能够跌破 9 点，也能够不跌破 9 点，11 点就是第二类买点，假设跌破了 9 点时，就是第二类买点比第一类买点低的这种情况。这次讨论完成之后，对第二类买点能不能低于第一类买点的这个问题应该清楚了。

12 点的结束位置不管是否过了 10 点都没有关系。此时，9~12 形成一个中枢，该中枢的震荡与前面中枢 5~8 有重叠，那么产生了对前面中枢的级别扩展。假如说 0~9 走势是 1F 级别的下跌趋势，那么此时就是走势升级，0~12 就是由 1F 的下跌趋势转变为 5F 的盘整类型，缠论所说花开的过程，上面也是一个体现，鲜花慢慢地开大，由 1 点变成了 5 点。

（2）我们来看第二种情况：该级别更大级别的盘整，如图 7-3 所示。

假如 9 点之后的走势直接上穿到了中枢区间之内，或是把整个中枢都穿过了，则说明 9 点之后的走势很凌厉，当 9~10 走势完成之后，则其后必然是一个再次构成中枢的过程，13~14 的走势就离开这个中枢，假如 13~14 走势与 9~10 走势比较背驰，那么走势必须再次回拉，是因为这个道理非常简单，上涨不了只能下跌，是由于力度不够大，如图 7-4 所示。

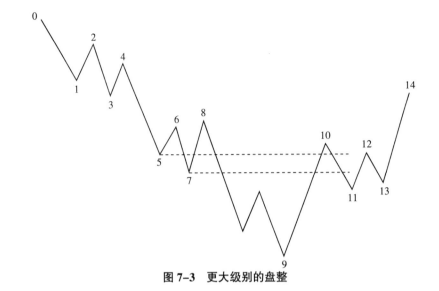

图 7-3　更大级别的盘整

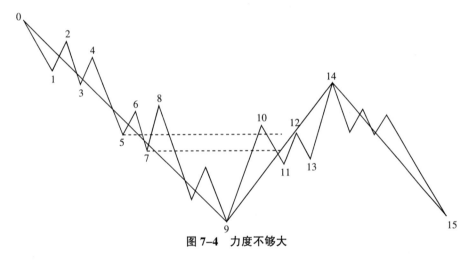

图 7-4　力度不够大

在 14 点回拉之后就形成的一个走势，其中枢一定与前面的中枢 10~13 中枢产生重叠而扩展成更高一级别的中枢，从而让走势变成了一个更大级别的盘。不过，这个变化过程还可能产生两种情况：一种是相当于从 14 点开始形成更多的线段，从 10~11 开始震荡出 9 段而中枢升级；另一种是从 15 点开始，再开始一个往上的盘整，那么用 9~14、14~15、

15~16 这三个次级别走势组成一个高级别的中枢。

总的来说，怎样变化都变成了更大级别的盘整。至于这个高级别的盘整结束之后，市场是怎样选择方向，是往上走还是往下走，不在这次研究的范围之内。

（3）我们来看第三种情况：该级别以上级别的反趋势。此情况的确与前面第二种情况相同，仅仅是力度上的区别而已。此情况的力度比第二种力度要大。

还是看图 7-4，假如 13~14 与 9~10 比较不背驰，则走势必然进入到第二个中枢的形成过程中，后面的变化如图 7-5 所示。

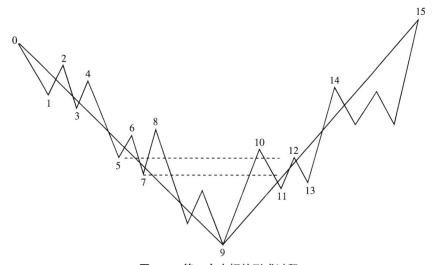

图 7-5　第二个中枢的形成过程

在 14 点之后产生中枢，此时从 9 点开始的走势，就形成了反趋势，至于这个反趋势之后发展成为 5F 还是 30F，我们不要理会它，让市场自己做出选择。

再说明，这个定理中的"该级别更大级别的盘整"，不包括本级别，例如，当前产生的是一个 1F 级别的趋势背驰，那么这个盘整是指最少 5F 的盘，不包括 1F。这个定理中的"或者该级别以上级别的反趋势"包括本级别，例如当前产生的是一个 1F 级别的趋势背驰，那么这个反趋势至少 1F 的，包括了本级别 1F。

六、盘整背驰后的分类

盘整背驰之后的幅度是不能预计的，它没有任何能够保证，所谓的分类实际上就是依据盘背后回调的幅度对走势做出一个完全的归纳，进而总结出对实际操作有利的对策。

下面分类都是以向上走势 12345 为例了，其中 234 构成中枢 A，5 脱离中枢创新高并对 1 产生盘整背驰，6 开始双回拉中枢。

第一，盘整背驰之后形成三买。

依据力度，又可以分为：

（1）弱三买。它是指 6 段回到中枢 A 波动区间最高点与中枢区间最高点之间，也称为扩张型三买。

（2）强三买。它是指 6 段回落在中枢 A 波动区间最高点之上。

第二，盘整背驰后中枢震荡。

（1）强震荡。它是指 6 段回落到中枢 A 区间之内，而不低于区间一半高度。

（2）中震荡。它是指 6 段回落到中枢 A 区间之内，并低于区间一半高度，而高于中枢区间低点。

（3）弱震荡。它是指 6 段回落到中枢 A 区间之内，并低于中枢区间低点，而幅度不大，此后第 7 段拉回中枢 A。

第三，盘整背驰后的二三卖重合。

（1）弱三卖。它是指 6 段跌破中枢 A 区间低点，第 7 段回到中枢 A 区间最低点和波动区间最低点之间形成三卖，又称为扩张型三卖。

（2）强三卖。它是指 6 段跌破中枢 A 区间低点，第 7 段回到中枢 A 波动区间最低点之下，如图 7-6 所示。

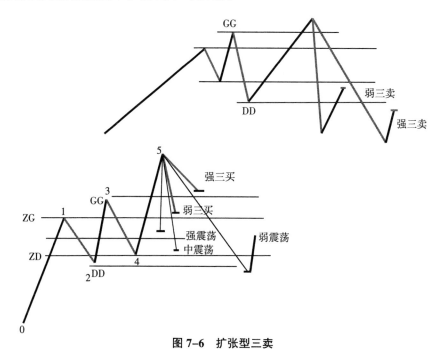

图 7-6　扩张型三卖

不管是在第几个中枢，盘整背驰后这几种情况都会形成，下跌的时候反过来就可以了。在实际操作中应该掌握各种图形，做到心中有数，按照多级别联立分析和基本面在当下做出正确的对策。

七、小背驰—大转折定理

所谓小背驰—大转折定理，缠论做出了这样的论述："小级别顶背驰引起大级别往下的必要条件是该级别走势的最后一个次级别中枢出现第三类卖点；小级别底背驰引起大级别向上的必要条件是该级别走势的最后一个次级别中枢出现第三类买点。"如图 7-7 所示。

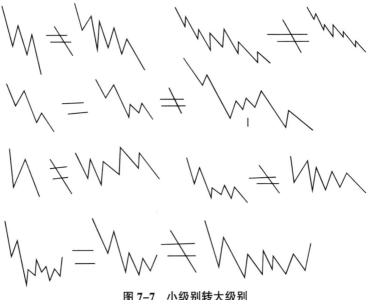

图 7-7　小级别转大级别

必须注意的是，对于这种情况来说，只有必要条件，但没有充分条件，换言之，不能有一个充分的判断使得一旦发生某种情况，就一定造成大级别的转折。小级别顶背驰之后，最后一个次级别中枢形成第三类卖点并不一定就必然造成大级别的转折。很明显，该定理比起"背驰级别等于当下的走势级别"一定回来最后一个该级别中枢的情况要弱一点，然而这是非常正常的，由于这种情况毕竟少见并且要复杂得多，在具体的操作之中，应该有更复杂的程序来应对这种情况。

假如一个按照 30 分钟级别操作的交易者，则对于一个 5 分钟的回调一定是在它承受的范围之内，否则的话，可以将操作的级别调到 5 分钟，则对于一个 30 分钟的走势类型，一个小于 30 分钟级别的顶背驰，一定首先至少要造成一个 5 分钟级别的往下走势，这个走势有如下三种分类：

（1）假如这个往下走势并未回到形成最后一个 30 分钟中枢的第三类买点那个 5 分钟往下走势类型的高点，则这个往下走势就不必理会，由于走势在可接受的范围之内。

（2）不过，在最强的走势之下，这个5分钟的往下走势，甚至不会接触到包含最后一个30分钟中枢第三类买点那5分钟往上走势类型的最后一个5分钟中枢，此情况就更不要去理睬了。

（3）假如那往下的5分钟走势跌破形成最后一个30分钟中枢的第三类买点那个5分钟回试的5分钟走势类型的高点，则所有的往上回抽都应当先离开。

综上所述，缠论告诉我们这样的操作方式：

在大级别图上去选择攻击目标之后，就必须选好显微镜，对其进行精细地跟踪分析，接着定位好符合自己操作级别的买点建仓，根据相应的操作级别加以操作，一直到将这只股票玩烂、直到厌倦或者又发现新的更好的可操作对象为止。从纯理论的角度来看，没有任何股票是十分有操作价值的，中枢震荡的股票不一定比相应级别单边上涨的股票带来的利润少。

必须记住缠论所说的："看走势的背驰、转折，不过是第一层次的东西，哪天，能看明白社会经济、政治等结构的背驰、转折，那才是更高层次的东西。"

八、如何理解"背了又背"的含义

在实战中，看到顶背驰了，卖了，但股价依然不断新高，看到底背驰了，买了，但股价依然不断新低，于是很多人就说：缠论无用。

原因有多种，主要还是因为没有真正理解中枢、趋势背驰、盘整背驰等基本概念。归纳起来有如下几点：

（1）把特征序列等同于中枢。其实特征序列与中枢是两个完全不同的概念。例如，看 5 分钟图，有可能看上去已经形成 2 个上涨的特征序列，但那第二个特征序列不一定是一个 5 分钟中枢，判断是不是 5 分钟中枢必须看 1 分钟图，而要将 1 分钟同级别分解，必须遵循两个同级别中枢之间必须有次级别走势连接的原则，所以就不一定在 5 分钟特征序列的位置构成 5 分钟中枢。

（2）盘整背驰不同于趋势背驰。盘整背驰有可能出现 3 买或 3 卖，然后继续上涨或下跌，看上去就像背了又背。

（3）没有趋势没有背驰。由于上述或其他原因，中枢没有找对，就根本谈不上正确判断背驰。有可能只形成了一个底部中枢，第二个中枢其实还没有形成，当然就谈不上背驰。

（4）有的人只看 MACD，不认真划分笔和线段，根本不能正确地划分中枢，当然不能正确判断背驰。例如，要看 5 分钟中枢，就必须看 1 分钟图，找出 3 个 1 分钟线段的重合部分，但是有时候 1 分钟的 1 笔都会在 MACD 图上出现红蓝柱子交替起伏的状态，而每次起伏都不构成 1 笔，所以连 1 笔都没有完成，有人把这也看作背了又背，属于完全要重修的类型。

（5）背驰形成后，只要形成同级别的一个盘整，就可以继续上涨或下跌。而上涨或下跌的形式有多种，有收敛三角形盘整、扩张三角形盘整、上涨旗形盘整、下跌旗形盘整，这些盘整形式看上去有可能底部每次只降低或抬高一点点，看上去在原趋势基础上每次都更加背驰了一点，这也是背了又背的一个原因。

此外，需要说明的是，背驰是发生转折的充分而非必要条件，也就是说，出现背驰一定会转折，而不出现背驰也会转折，那就是小转大。这也是很多人感觉背驰不准或没用的原因之一。这并不妨碍操作，操作时只要选择出现背驰的状况就一定会转折。

第八章 背离交易策略

有一种操作方式叫作背离交易。概括来说，背离能够通过比较价格走势和一些指标看出来。这些指标包括：MACD、RSI、KDJ、CCI 等。背离最伟大的地方在于你可以把它们当作是一个领先指标，经过一些练习，就不难识别它们。如果交易得当，你就可以运用背离持续盈利。而关于背离最棒的地方在于你将经常买在较低位置，卖在较高位置，从而让你的交易风险相对很低。

一、如何辨别指标背离的真假

众所周知，指标背离一般分为两种：顶背离与底背离，它预示着市场走势将要见顶或见底，但是要了解指标背离也有真假之分。

1. 背离的特征

可以形成明显技术指标背离特征的指标有 MACD、W%R、RSI 和 KDJ 等，其形态均存在与价格背离的特征。背离特征必须注意的问题：

（1）各种技术指标有效性并不一样。在进行技术指标分析时，相对来说，用 RSI 与 KDJ 的背离来研判行情的转向成功率比较高。

（2）指标背离通常出现在强势中比较可靠。股价在高位时，一般只需形成一次背离的形态，就可以确认反转形态，而股价在低位时，通常要反复出现几次背离才可确认反转形态。

（3）钝化之后背离较为准确。如果完全根据背离特征进行操作的话，常会造成较大的失误，这种情况特别容易出现在当股价出现大跌或大涨的走势时，KDJ指标很可能呈高位或低位钝化之后，该股价仍然出现上涨或下跌。实际上，这时候一旦出现背离特征有效性极高，尤其是KDJ指标结合RSI指标一起判断股价走向，KDJ指标在判断顶部和底部过程中，具有比较强的指向作用。

2. 假背离的特征

下面介绍一下假背离通常具有的特征，使大家可以更方便地辨别指标背离的真假。

（1）在一定的时间周期内背离，其他时间并没有。例如，日线图看着是背离特征，而周线或月线图并不是。

（2）还没有进入指标高位区域就形成背离特征。我们所说的用背离确定顶部与底部，技术指标在高于80或低于20背离，较为有效，最好是经过了一段时间的钝化，而在20~80通常是强市调整的特点，而不是背离，后市极可能继续上涨或下跌。

（3）只有某一指标形成背离特征，而其他指标大多数都没有。技术指标由于其在指标设计上的不同，发生背离的时间也不一样，在形成背离特征时，KDJ指数最为敏感，RSI次之，MACD最弱。单一的指标背离指导意义不强，假如各种指标均形成背离现象，价格见顶和见底的可能性就极大增强。

以上则是假背离的一些特征。在平时操作中，大家必须要注意甄别背离的真假，避免给自己造成损失。此外，日线会有比较多的骗线，一些技术指标会反复发出背离信号，因此，运用这些指标的背离功能来预判高位风险和底部建仓的机会时，在时间参数上必须适当延长。

二、背离交易的九条规则

只是依据背离而进行交易的话，这是不明智的，由于有太多的虚假信息。这不是 100% 的可靠，但当作迹象状况来使用并且辅助其他工具来参考的话，你的交易就可以用相对低的风险获得较高的盈利。有许多方法可以利用这些背离：一种方法是观察趋势线或者烛台图去确保反转或者持续是否妥当；另一种方法则是通过观察一个真实的交叉或者等待振荡器走出超买/超卖区域。你也可以试一试在这些指标上画趋势线。有了这些方法，就能够更好地防止虚假信息并且筛选出那些有利可图的信息。假如你不确定应该往哪个方向交易，那么就不要急于进场。必须记住，不采取立场本身就是一个交易决策，而且比起证据不足的交易理念，你最好紧紧抓住辛苦挣的钱。背离通常不会出现，然而一旦出现，你理应注意。正常背离能帮助你获得很多利润，由于你能在趋势变化时获得报酬。隐性背离能够通过保证在一个趋势上的正确，来帮助你的长期交易获得远远高于预期的利润。

诀窍是训练背离形成时识别它们的眼力，并选择用恰当的背离交易。看到一个背离，这并不一定意味着你应该马上进场。认真挑选你的设置，你会做得很好！

在你开始寻找潜在背离以前，先看一看这里的九条背离交易规则。学习并记住它们，让它们帮助你做出更好的交易决策，忽略它们就会赔钱。

第一条规则：擦亮你的眼睛。

为了让背离存在，价格形成必须有下列条件：

（1）比以前的高点更高。

（2）比以前的低点更低。

（3）双顶。

（4）双层底。

甚至不要打扰观察指标，除非这四个价格情况的其中一项会发生。

第二条规则：在连续的顶部和底部上画线。

好的，看一下，既然你有行动（最近的价格行为）。记住，你只看到四种情况之一：较高的高点，平高，较低的低点，或一个平低。

现在，从该行的高或低点到先前的高或低点向后画线。它必须在连续的主要顶部/底部。如果你在两大高点/低点中看到一些颠簸或跌落的话，当你的另一半留言给你的时候，你要做的就是忽略它。

第三条规则：做正确的事——只连接顶部和底部。

当你看到两个高点建立后，连接顶部。如果两个低点出现时，连接底部。

第四条规则：着眼于顶点或底点，排除其他干扰。

画趋势线时要么连接两个顶点，要么连接两个低点。确定你的首选技术指标，无论使用哪种指标，记得要比较其底部或顶部。因为一些指数平滑异同移动平均线指标或随机指标都互相拥有多条线路。

第五条规则：高点与低点的运用要匹配。

如果你连接价格的两个高点，那么你也必须连接指数上的两个高点。同样，低点也如此。如果你连接价格的两个低点，那么你也必须连接指示上的两个低点。它们得匹配！

第六条规则：保持一致。

在指标上确定的高点或低点必须是那些垂直排列的价格高点或低点。

第七条规则：把握好趋势线的斜率。

如果连接指标顶部/底部的斜率不同于连接价格顶部/底部的斜率，那么背离才会存在。这个斜率有三种：上升、下降、平。

第八条规则：如船已航行，赶乘下一班。

如果你发现背离，但价格已经扭转了，并且有时候往一个方向移动的话，那么就应该考虑不要交易此次背离。你错过了这一班船。你现在能做的就是等待另一个摆动高/低点的形成，并开始搜索背离。

第九条规则：只利用大区间的背离。

背离信号往往在较长的时间框架（1小时线、4小时线、日线）里更加准确。因为这些没有什么假信息能误导我们。短时间内的背离会更频繁地发生，但不可靠。

这就意味着更少的交易，但是如果能把交易安排得很好，那么盈利潜力是巨大的。我们建议只看1小时或更长时间的图表上的背离。有些玩家喜欢使用5分钟线甚至是更少的时间线。在这些时间框架里，有太多干扰信息。

所以，如果你想用背离认真考虑交易的话，那么必须遵守这九条规则。遵循这些规则，由背离引发的有利交易的可能性会大幅度上涨。

三、如何用背离判断各周期顶底部结构

首先，我们先要理解、重视研究大盘趋势的重要性。大多数新手散户，都热衷去模仿别人的成功模式，尤其重视选股的方式与策略，从而完全忽略对大盘和大趋势的判断。这是极其严重的错误，本末倒置。尽管交易最终落实到个股上，然而大环境决定生死，个股仅仅是决定盈亏。倾巢之下岂有完卵？不要相信"会卖的是师傅，会买的是徒弟"这种世纪谎言。在你出手的瞬间，胜负已分。

任何选股模式在牛市的成功率都能达到90%以上，任何选股模式在熊市的失败率都能达到90%以上。

若大家能理解大盘大趋势的重要性，那么下面如何来判断大盘的技术方式。

1. 大盘各周期顶底部结构的判断

所谓各周期顶底部结构，则是大盘的 5 分钟、15 分钟、30 分钟、60 分钟以及日线等周期的 K 线结构。

这里运用的判断指标是 MACD：指数平滑移动平均线。这是 90% 的机构多年来都在用的指标，不管国内外。存在即是道理，既然能被这样广泛接受以及长时间使用，就肯定有它的可取之处。

运用 MACD 的方式并不是什么金叉进场，死叉离场，那种灵敏度、准确度极低的方法，而是量能趋势背离。MACD 其实是一种量能趋势的量化显示，可以理解成速度。物理学上，在一个非完全无摩擦的环境下，动力是维持速度的燃料。动力不足，速度自然下降，甚至会反转，MACD 就是反映动力燃料的速度指标。常规上，股指要创新高，必须要有足够的做多动力配合，反之，股指要创新低，就要有足够的做空动力。当这种常规被打破，股指新高，但动力反而下降，股指新低，但动力出现上升，这种特殊情况就是背离。

完全用股市技术语言来描述就是：股指（价格）一波比一波创新高，但 MACD 指标就逐渐走低，这就是顶背离。

股指（价格）一波比一波创新低，但 MACD 指标就逐渐走高，这就是底背离。

背离通常就是趋势的反转，但并不是 100% 的趋势反转。

日线背离如图 8-1 所示。

60 分钟周期背离如图 8-2 所示。

上述的都只是比较基础的知识，下面要说的很重要，则是各周期对应的时间跨度。如下各周期背离结构对应的时间跨度仅仅是理论时间。

5 分钟背离结构——2 小时。

15 分钟背离结构——一天半（6 小时）。

30 分钟背离结构——3 天（12 小时）。

60 分钟背离结构——6 天（24 小时）。

日线背离结构——24 天（96 小时）。

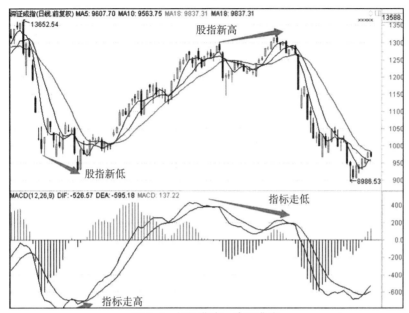

图 8-1　低位背离，高位背离

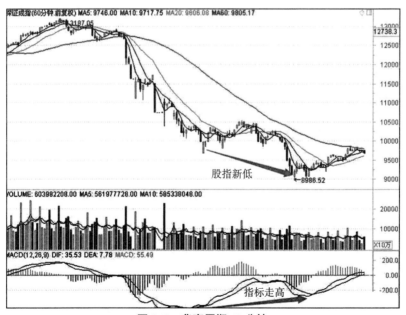

图 8-2　背离周期 60 分钟

当然，没有任何技术指标在这个市场是百分之百成功的，MACD 也不例外。背离形成的必要条件是：快速（趋势）—降速（钝化）—反转（反趋势）。但如果市场是这样走的话：快速（趋势）—降速（钝化）—再加速（趋势继续），这种情况就是背离消失、结构消失。

最后提比较重要的两点：

一是小周期必须尊重大周期，小结构必须尊重大结构。就是如果出现日线顶部结构阴跌了几天之后，出现了 5 分钟底部结构，那么这个时候，我们必须尊重大周期日线顶结构，下降趋势，不能去接飞刀抄那 2 小时的反弹。

二是各周期结构共振，效果将大大加强。就是如果同时出现几个周期的相同结构，那么这个结构的成功率将大大加强。例如，15 分钟、30 分钟周期的 MACD 都出现底部钝化，而 5 分钟周期底部背离结构形成的话，很可能将会引起 15 分钟、30 分钟底部结构的背离，形成共振，那么这个反弹就不是 2 小时的跨度了，应该看更远，如图 8-3 所示。

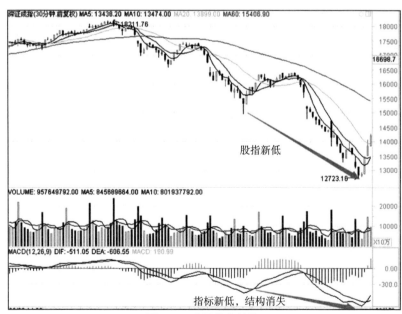

图 8-3　底部背离结构

2. 大盘分时高低点的判断

大盘分时高低点，则是大盘分时走势的即时高低点判断，是比 5 分钟周期更短的趋势判断，对于超短以及做 T 都有极其重要的意义和用途。分时线的判断就是当日大盘的高低点的判断，如图 8-4 所示。

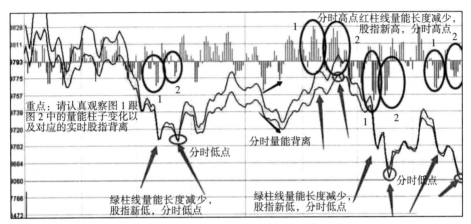

图 8-4　大盘分时高低点的判断

我们打开交易软件按 F3 或 F4 之后就能看见上证跟深证的即时走势，有黄线、白线、绿柱线、红柱线以及底下黄色的交易量。首先，黄白线是大小盘的走势，通常都是黏合的。交易量的黄色柱线意义不太大。这里很重要的是红绿柱线——动能的量化指标。

绿柱线表示做空力量，红柱线表示做多力量。

判断大盘即时高低点的方法一样用的是背离。下一波比上一波做空力量减弱，绿色柱子整体变短减少，但指数新低，就是分时底部背离；下一波比上一波做多力量减弱，红色柱子整体变短减少，但指数新高，就是分时顶部背离。

以上分析大盘的全部内容，其实就围绕着一个核心——背离。背离，是一种物理现象，是科学的。物体要维持现有的速度，需要动能，股市趋势也一样。趋势要延续，就必须要有足够的动能，即做多做空力量来维持，当这个动能不足的时候，趋势就会衰竭，衰竭的后果要么就有另外一股新的动能来继续维持原本的趋势，要么就是跟原趋势背离，反转。这就是科学交易，而不是凭心而动，率性而为。我们尊重市场，但不能被市场带着走。

四、利用"上下背离"的买入法则

识别洗盘与出货是大多数交易者最伤脑筋的，它结果不是将洗盘误认为是出货而过早出局，就是把出货误认为是洗盘而持股不动，错过出货良机而遭套牢之苦。经研究发现，"上下背离买入法"在捕捉洗盘结束点方面有着非常准确的作用。

"上下背离买入法"就是在股价的上涨过程中，产生了横盘或下跌，移动平均线与 MACD 的运动方向形成了背离。第一种情况，在股价暂时下挫过程中，移动平均线往下滑，而 MACD 却拒绝下行，DIF 数值不减反而增加；第二种情况，在股价暂时横盘期间，MACD 下行，而移动平均线却拒绝下滑，不跌反而上涨。当出现上述的情况时，表明市场主力正在洗盘，没有出货，股价的下跌或横盘是暂时的，此后的行情往往是上涨而不是下跌。这一阶段交易者应以买入或持股为主，如图 8-5 所示。

在此必须要说明的是，"上下背离"应用有着严格的要求，并不是所有符合"上下背离"走势的股票都可以上涨。

一个比较成功的"上下背离买入法"在符合以上要求的同时，还应该满足其他一些条件，例如：①还没过主升浪；②股价正好上穿 30 日移动平均线，30 日移动平均线开始走平或正好翘头向上。

而在操作上"上下背离"发生的时候，假如形成的是第一种背离，当天成交量大于 5 天平均量时可考虑介入；假如形成的是第二种背离，当 DIF 由上跌变上涨的那一天可以考虑介入。

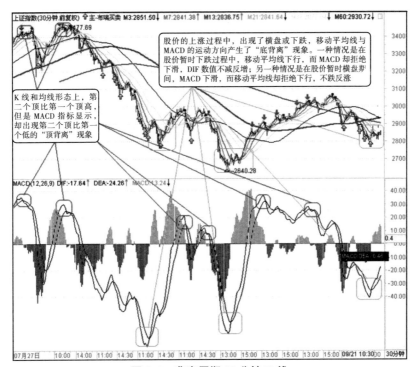

图 8-5　背离周期 30 分钟 K 线

五、背离的运用法则

　　背离简单来说，就是一种"分歧"的状态，当产生这种情况时，通常代表着事情本身会出现潜在的问题。对于股票来说，背离的警示性作用多有遇见性，多是判断股票的底部和顶部。主要从两个方面浅谈一下背离在实际操作中的运用。

　　1. 分时背离的运用

　　（1）分时 MACD 的背离作用。这是盘中帮助交易者找到相对低点和相对高点的一种简单办法，对于通常在盘中做高抛低吸的交易者有较大参考意义。具体来说，当股价分时创出新低以后或者持续横盘过程中，MACD 指标并没有创出新低，而是背离式的抬高，一旦金叉形成，多半就是盘中短暂的低点区域，如图 8-6 和图 8-7 所示。

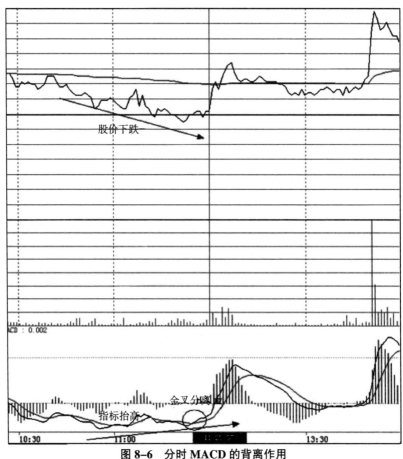

股价下跌

金叉分离区

指标抬高

10:30　　11:00　　11:25:57　　13:30

图 8-6　分时 MACD 的背离作用

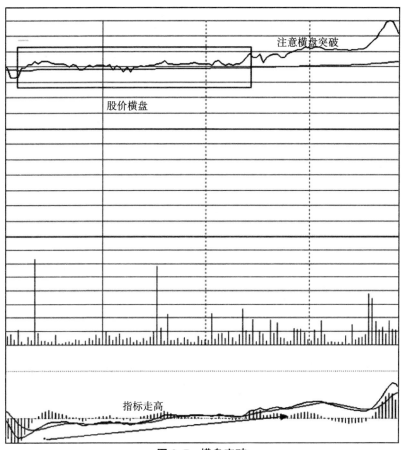

注意横盘突破

股价横盘

指标走高

图 8-7　横盘突破

　　反之，如果股价持续走高或者横盘，然而指标却连续走低，则这个时候就要注意分时的顶部特征，要有风险意识，如图 8-8 和图 8-9 所示。

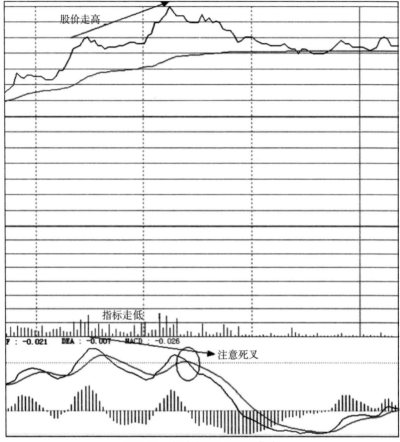

图 8-8　分时线 MACD 顶背离

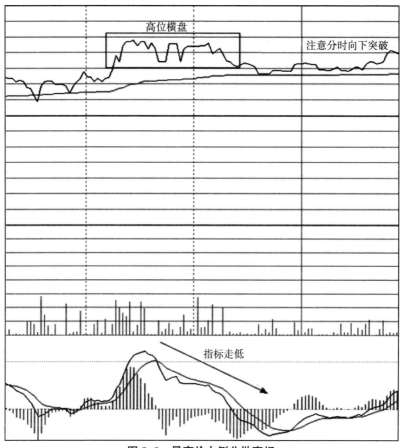

图 8-9 最高价右侧分批离场

（2）分时的三线资金背离。尤其要注意主力和跟风的背离，若一个股票在上涨的过程中，一条线往上，一条线往下，出现了背离，表明两线存在分歧，短时分时走势的拉升幅度或许有难度。同样股价下挫的时候，若要想拉升，两线资金应该齐心协力，否则不能盲目抄底，如图 8-10所示。

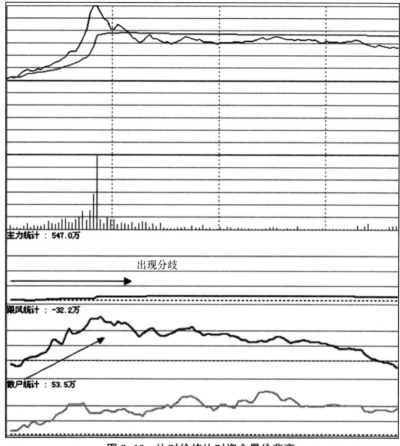

图 8-10　比对价格比对资金量价背离

2. K 线的背离运用

（1）日 K 线捕捞季节背离作用。在股价连创新高或是高位横盘，然而捕捞季节持续走低，注意小顶部信号。反之，当股价持续创新低或者低位横盘，捕捞季节却持续走高，注意小底部信号，如图 8-11 和图 8-12所示。

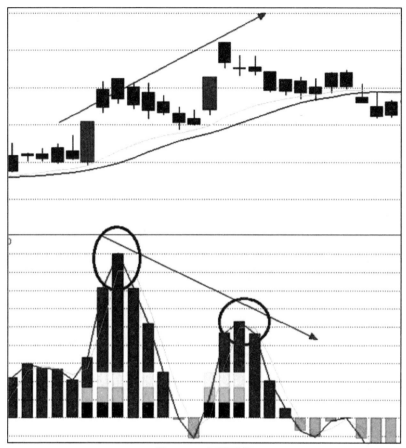

图 8-11　短期顶部

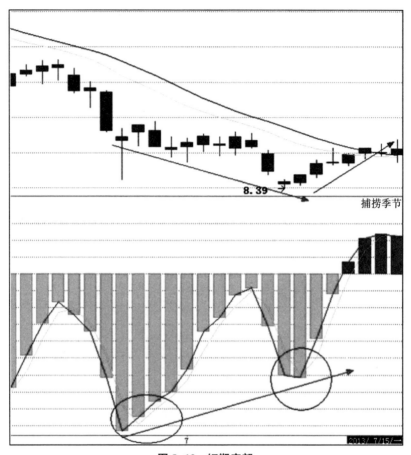

图 8-12　短期底部

（2）量价背离的作用。股价持续创新高或高位横盘的时候，量能不能有效配合，股价上涨乏力（主力控盘的除外）。这里主要作为判定顶部较为有效，至于判断底部暂时不考虑，如图 8-13 所示。

（3）资金活跃程度的背离。这就要融合流动资金，流动资金活跃程度越来越弱，股价却仍然上行，到达前期高点附近时，资金并没有配合，注意回落风险。流动资金低位翻红，股价还在下挫，注意底部的出现，如图 8-14 和图 8-15 所示。

图 8-13 量能不能有效配合

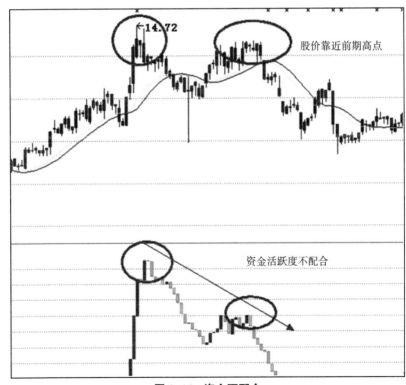

图 8-14 资金不配合

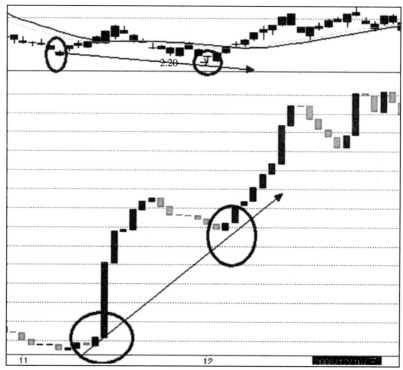

图 8-15　流动资金活跃程度

六、背离技术先长后短的应用法则

　　所谓先长后短，其中"长"是指价格运动的长期趋势，"短"是指价格运动的短期趋势。其背离应用法则如下：

　　一是周期不一样，背离的级别不一样，对后市的影响也不一样。一般来说，日线背离影响波段涨跌，周线背离影响中长期走势，而月线背离则影响更大级别的行情格局。

　　二是大周期的背离制约小周期走势。小周期背离需要大周期走势的确认。具体来说，日线背离是小级别的现象，日线背离以后反弹、下跌的规模要通过周线走势对应指标的金叉、死叉等来验证。

三是成交量的配合能够进一步验证背离的有效性。

下面以 MACD 指标为例进行实战阐述。

图 8-16　大周期的背离制约小周期走势

如图 8-16 所示，综合指数（1A0001）在 c 阶段下挫期间，对应的 MACD 指标连续形成三次明显的底部背离。然而，前两次都没有获得周线走势的确认，没有形成预期的上涨。由此可见，底背离以后并不一定会上涨，反之，同样如此。

假如在日线图上能够明显分辨出市场或股价与指标的顶底背离走势，然而在周线图上却看不到这种迹象，那么表明市场或股价出现的仅是中短期的较小级别的背离现象。就算此后趋势展开反弹或回调，则规模也不会很大。只有当得到周线图上对应指标的走势验证之后，才能证明逆转以后的趋势规模将会继续扩大，否则仅仅是短线波动。

所以，虽然日线走势常常会出现顶底背离，然而由于日线走势通常要受到周线走势的制约，只有当周线走势出现明显的买卖提示以后，才能表明中线趋势走坏了。

在图 8-16 中 d 处，2010 年 7 月，股指见阶段性底部 2319 点以前，我们看到股指日线走势下挫，对应的 MACD 指标形成了底部背离现象。d 阶段的下跌对应着图 8-16 中 N 处左侧的一段走势。而图 8-16 中 d 处股价对应的 MACD 指标在 B 处并没有形成底背离。这表明，图 8-16 中 d 处对应的底部背离只是短期现象，假如此后展开上涨，则上涨的级别也不会很大，只能以短线行情来面对，即买入的仓位要轻，上涨目标位估计得不要太高。

只有当周线走势图中对应的 MACD 指标在 N 处金叉以后，才宣告反弹的规模将要扩大。所以，在这种情况下，可通过此后日线图中指标在 N 处的金叉，把握股指反弹中波段低点 F 点的买入机会，这是右侧的买入机会，周 K 线层级的方向要比日 K 线层级的方向稳定，波动小。

上涨趋势中的顶背离也是如此，下面加以简单的阐述。

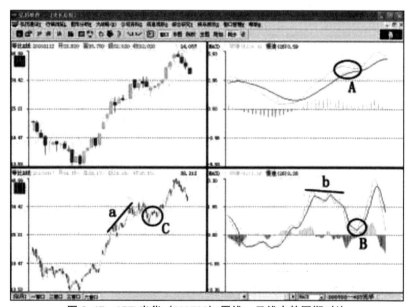

图 8-17 *ST 光华（000703）周线、日线走势同期对比

如图 8-17 所示，通过先长后短的功能，发现 *ST 光华（000703）日线走势在 a 处继续上涨，然而，对应的 MACD 指标在 b 处出现顶部降低的格局，显然二者形成了顶部背离现象。同时，在该股周线走势图上 A 处并没有出现相似的状况。由此可见，日线中的背离是短线行为。因此，当日线图上 MACD 指标出现死叉的时候，只是表示短线展开调整，中线仍然无忧。

当日线走势对应的 MACD 指标在图 9-18 中 B 处又出现金叉向上的时候，图 8-18 中 C 处即是波段买入区域。此后股价从 28.50 元左右上涨至 46 元附近。

总的来说，在股价走势过程中，必须重视背离现象，然而，背离之后不一定都会变盘。而且就算变盘了，那变盘的规模与级别也是不同的。这时，先长后短的分析思路将起到很好的辅助作用。

七、背离战法判断顶和底

技术指标中，RSI 是专业交易员最常用的指标之一。与许多人喜欢将 RSI 指标应用到短线投资上不同的是，笔者更愿意使用 RSI 指标来判断行情的顶部或底部。

背离可能是 RSI 最有价值的应用。所谓相互背离，是指 RSI 曲线与价格线相互背离，各自朝相反的方向伸展。

在上升趋势中，最通常的 RSI 背离，是指价格保持上涨，RSI 处于高位（RSI 在 70~80 上时），并形成一峰比一峰低的两个峰，而此时，股价却对应的是一峰比一峰高，这叫顶背离。股价这一涨是最后的衰竭动作，如果出现跳空就是最后缺口，这是比较强烈的卖出信号。

在下降趋势中，如果 RSI 曲线不能验证价格趋势的新低点，就构成了所谓看涨背离，或正向背离，它是市场即将反弹（有时是短暂反弹）的先兆，在上面两种情形下，RSI 的形态常常与双重顶或双重底形态相似。在我们判别相互背离现象的时候，有一个重要的先决条件，即背离现象应当发生在摆动指数的极限区域及其附近。

例如，如果 RSI 处于 70 线之上，或 30 线之下，那么，此时 RSI 指数本身就已经处于较危险的境地，在这种背景下出现的背离现象，其意义当然非同寻常。在 RSI 超过 70 时发生的看跌背离，或者当它低于 30 时出现的看涨背离，均可能构成重要的警示信号，我们必须谨慎行事。

这种强弱指标与股价变动产生的背离现象，通常是被认为市场即将出现重大反转的信号。

深综指 2007~2008 年初顶部的演化过程（周 K 线）如图 8-18 所示。

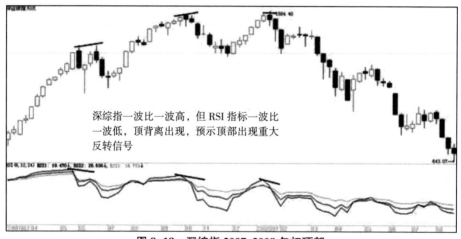

图 8-18　深综指 2007~2008 年初顶部

上证综指 2008 年初上升趋势的结束（周 K 线）如图 8-19 所示。

2005 年 998 点历史大底时的 RSI 指标也出现了很明显的月线背离信号。

上证综指 2005 年大底熊市结束（月 K 线）如图 8-20 所示。

图 8-20 显示：上证指数在 2005 年 1 月 1200 点时，月线 RSI 便见到了最低点，2005 年 5 月底的 1050 点时，RSI 指标见到次低点，随后熊市

结束，牛市开始。

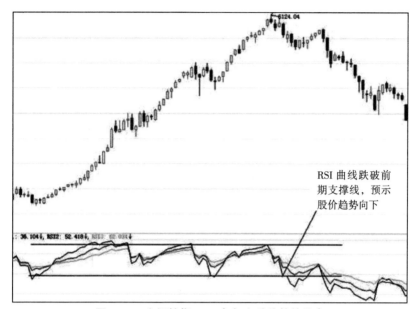

RSI 曲线跌破前期支撑线，预示股价趋势向下

图 8-19 上证综指 2008 年初上升趋势的结束

图 8-20 月线背离

八、运用 CCI 背离配合平均线进行抄底

一般交易者都是使用随机指标 KDJ、相对强弱指标 RSI、威廉指标 WR。其实，短线指标中，最灵敏的并不是上述最常用的指标，而是超卖超买指标 CCI。

炒股一招鲜——CCI 背离抄底，就是其中的绝技之一。

要点：股价经过长期的下跌，一路不断创出新低，然而对应的 CCI 指标却拒绝继续下跌，反而不断上升，出现股价和 CCI 指标的背离。

发现股价和 CCI 指标的背离后，不要就买入，要等 CCI 上穿–100 的时候买入，准确率达 98%。

在运用"炒股一招鲜"原理的时候，我们一般只要使用一个指标，即 CCI 指标就可以了，然后再配合平均线就可以将黑马一骑到底。

具体方法是：CCI 指标出现"底背离"，即股价在不断下行中，而该 CCI 指标却在不断上行，当该指标在背离的情况下向上穿越–100 的时候，股价就面临着底部。

当股价出现 5 日平均线向上金叉 10 日平均线的时候，在不破 10 日平均线收盘的情况下可以一路持有，直到 5 日平均线向上金叉 30 日平均线。此后，我们只要密切观察 30 日平均线的变化。如果发现 30 日平均线开始向上运行，那么，在该股正式走上上升通道后，股价起码上涨 50%以上。

一只股票的底部：

判断一只股票的底部，我们必须结合指标来判断，最简单的方法有以下几个方面：

（1）KDJ 指标的 J 值在 0 以下，即负数。

（2）CCI 指标的数值在-200 附近。

（3）股价在 BOLL 下轨或者以下。

（4）股价远离 5 日平均线至少 10%以上。

只有满足了上面四个条件，一般情况下股价就面临底部。投资人对于底部的操作必须要做到心不贪、短平快，因为我们选择的股票必须是远离 5 日平均线，所以，一般短线起码有 3%以上的净利润。当股价碰到 5 日平均线的时候就可以卖出，最晚应该在 10 日平均线的位置卖出；否则，又会面临下跌。

重点技术讲解如下：

（1）操盘线：即 EXPMA，属于均线型的指数平均线指标。原参数为（12，50），该参数属于中线参数，如果短线交易建议改为（7，21）。两条线的金叉作为买入的时机参考，特别是第一次金叉的成功率最高。

（2）底部与顶部的综合判断法：主要选取 KDJ、CCI、BOLL、DMI 四个指标结合判断，要求 KDJ 中 J 处于低位（或负值）。

（3）大牛股的技术条件：5 月线金叉 10 月线，则大牛股有望产生。所以，请寻找 5 月线上的股票，一旦该股盘中踏上 5 日线（即不跌下超过 30 分钟），即可买入。

（4）缺口技术：股票除权后，如果股价站到缺口上方，则有飞涨机会。

（5）成长股基本面判断：选择成长性股票，那么后期涨升的空间大。要求股票业绩环比增加，毛利率在 30%或以上，净资产尽可能高（如在 3.5 元以上，这样才有送股机会），资本公积金至少 1 元以上。

（6）股价持续上涨的条件：5 日线金叉 10 日线（要为真金叉），股价站上 30 日线，且 30 日线处于不断上移过程中，三个条件满足，则股价具有持续上涨的基础。

（7）MACD 的使用技巧：一般股价不创新高，则股价不能跌，否则 MACD 将反身向上，那么我们等股价站上 5 日线的第一时间进场，一般股价会涨并创新高，如图 8-21 所示。

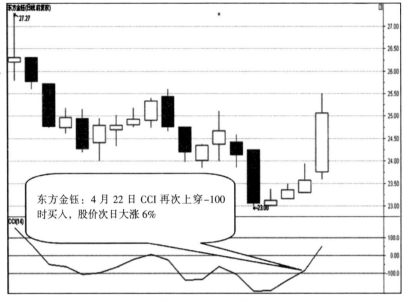

图 8-21　股价会涨

九、背离周期应用案例

图 8-22~图 8-24 是对背离周期应用案例做出图形解释。

4 小时和 1 小时产生顺势背离共振是最好的买卖点，如图 8-25~图 8-27 所示。

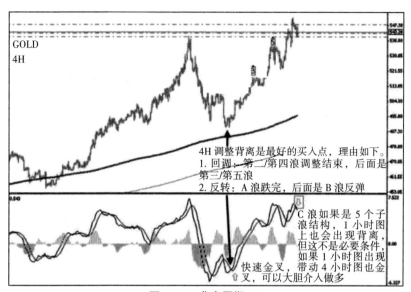

4H 调整背离是最好的买入点，理由如下。
1. 回调：第二/第四浪调整结束，后面是第三/第五浪
2. 反转：A 浪跌完，后面是 B 浪反弹

C 浪如果是 5 个子浪结构，1 小时图上也会出现背离，但这不是必要条件，如果 1 小时图出现快速金叉，带动 4 小时图也金叉，可以大胆介入做多

图 8-22 背离周期 4H

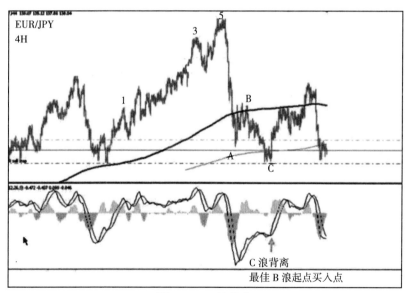

C 浪背离
最佳 B 浪起点买入点

图 8-23 C 浪背离

图 8-24　遭遇假背离

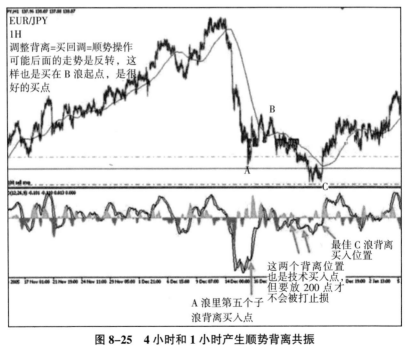

图 8-25　4 小时和 1 小时产生顺势背离共振

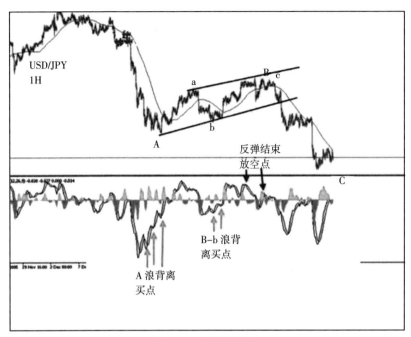

图 8-26 底背离买点

图 8-27 综合应用背离技术与波浪结构

十、安德烈·布殊的背离战法

期货交易大师安德烈·布殊曾经 4 次获得世界最顶尖的华尔街交易冠军杯大赛冠军，特别在 1987 年美国股灾的时候更是战绩辉煌，创下 3 个月获利 4537.8% 的惊人成绩，最高效一天交易达到 12 次，平均每月翻番 15 倍以上，让人惊讶！

他善于运用背离战法，即被大家称为 "2560 战法"。他在其专著中透露，实际上他运用的 "2560 战法" 很简单：25 日均线坚决往上，5 日均线往上穿越或者回踩 25 日均线的时候，成交量 5 均量大于 60 均量则是介入时机，最好这时出现缩量小星线过渡。

（1）凡是 K 线启动的时候，5 均量线在 60 均量线以下，均是诱惑机会，必须坚决地放弃。

（2）K 线踩 25 日均线启动的时候，5 均量往上穿过 60 均量叫作冲量，是短线机会，形态未稳。

（3）K 线踩 25 日均线启动的时候，前波 5 均量蹭上 60 均量叫作做量，是波段机会，形态已经形成。

（4）K 线踩 25 日均线启动的时候，5 均量早就贴在 60 均量之上运行一段时间，然而近一两天却出现坑量连线的最低量，叫作缩量，入市最好时机。

安德烈·布殊说：不要总是赚大钱，踏踏实实把握每次盈利 5%~10% 的机会，一次盈利为 5%，14 次便翻 1 倍；每周盈利为 5%，一年便翻 10 倍，复利就是这个世界上的一大奇迹。

看了上面的叙述，你应该知道什么是 2560，即为 25 天均线与 60 天量线。这则是 "2560 战法"。

　　均线设为 5、25 以及 200，你就明白，5 线属于短线，25 线属于中线，200 线（也能够设成 250 线）就是长线。那么，我们平常如何按照这三线进行交易呢？在复盘的时候，应当要注意日线图中，5 线上叉 25 线，5 线回踩 25 线；5 线上叉 200 线或者 5 线加踩 200 线的品种，均存在一定的短线机会。当然，一定要注意 25 线应该往上！对量线的要求就是：5 量贴 10 量踩 60 量上攻。接着，配合经典的操盘模式，按照分时盘口介入，但必须注意品种所处的位置，不要过高。

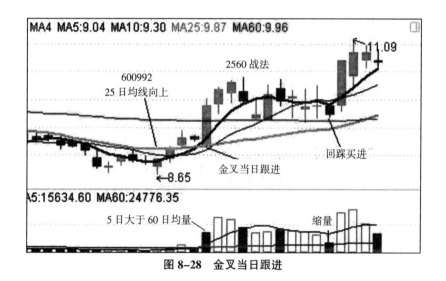

图 8-28　金叉当日跟进

　　图 8-28 中白线是 5 日均线，粉红线是 25 日均线，黄色量柱表明 5 日均量向上穿越 60 日均量，其中白线为 5 日均量线，黄线为 60 日均量线，如图 8-29 至图 8-31 所示。

　　"2560 战法"应该要有两个最起码的条件：①25 日均线应该是向上，最起码也是走平；②5 日均量线应该在 60 日均量线之上，即在均量金叉当日或者之后进场才符合要求。

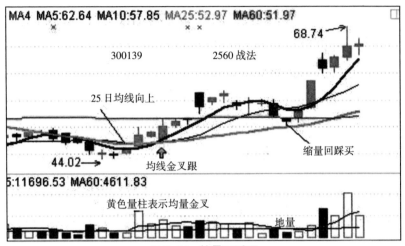

图 8-29　缩量回踩买

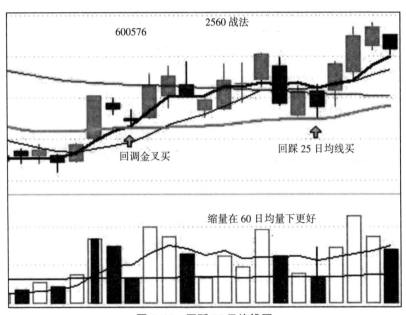

图 8-30　回踩 25 日均线买

在图 8-31 中，在 5 日均量向上穿越 60 日均量前，尽管也出现过地量，有过两次小超短的机会，然而此机会并不符合 "2560 战法" 的要求，必须要坚决地放弃，由于 "凡是 K 线启动的时候，5 均量线在 60 均量线

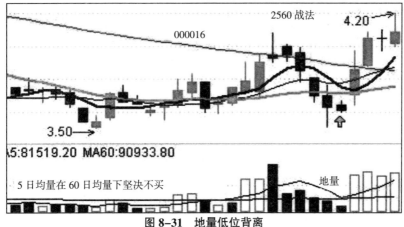

图 8-31　地量低位背离

之下，均是诱惑机会"。因此，大家应该等 5 日均量向上穿越 60 日均量以后，再寻找机会进场。

所谓"蹭"，指的是 5 日均量线往下靠拢 60 日均量线，即将死叉而又没有死，形成反身往上的走势，这称为"蹭"，如图 8-32 所示。

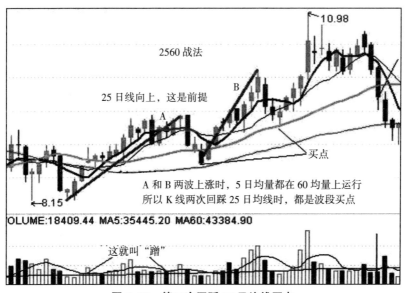

图 8-32　第二次回踩 25 日均线买点

图 8-33 告诉大家，期价下挫到 25 日均线并不等于就是买入时机，很有可能会跌破 25 日均线，只有止跌了才能够考虑进场，最好是形成缩量的小星线。通常来说，期价回抽 25 日的时候，不破 25 日线的比跌破了的要强。

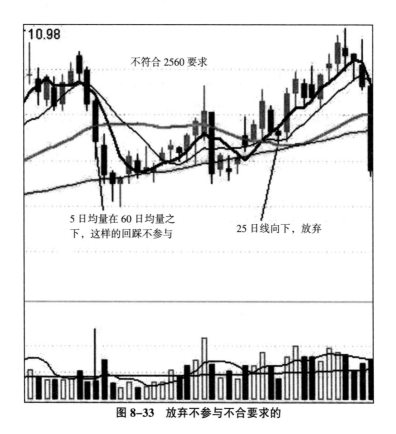

图 8-33　放弃不参与不合要求的

对于符合"2560 战法"要求的品种，通常来说，第一次回踩 25 日的成功率是最高的，达 90% 以上，回踩的次数越多，它的可靠性就会越低。当期价远离 25 日均线之后的回踩比距离较近的回踩又要强势许多。所以，为了保证安全性，可以专做远离 25 日均线之后的第一次回踩的品种。

1. "2560 战法"仓位控制的规则

无论什么时候都要将安全放在首位，控制仓位是确保安全的措施之一。操作的时候不但要看技术条件，而且还要按照仓位而定。希望大家严格执行如下规则，一旦仓位超出规则的范围，不管盈亏，超出部分当天就应该卖出。

（1）日为 KDJ 金叉两成仓位。

（2）周为 KDJ 金叉五成仓位。

（3）月为 KDJ 金叉八成仓位。

（4）不满仓保留一点资金做 T。

2."2560 战法"的主要特征

（1）第一次回踩 25 日均线的要比多次回踩的好。

（2）远离 25 日均线回踩的要比近距离回踩的好。

（3）25 日均线往上角度大的要比角度较小的好。

（4）回踩 25 日均线的时候，不破均线的要比跌破的好。

（5）MACD 在零轴上与有红柱的要比其他情况的好。

（6）在一个月之内，多次出现涨停的要比没有涨停的好。

3."2560 战法"的买入条件

"2560 战法"应该要有两个最起码的条件：

（1）25 日均线应该是向上，最起码也是走平；

（2）5 日均量线应该在 60 日均量线之上，并且只有同时满足这两个条件的品种，才能符合"2560 战法"的要求，才可以按照如下条件买入。

回踩 25 日均线的时候，成交量接连缩量，最好在 60 日均量线下形成地量。

在 25 日均线附近形成止跌的小星线，最好的就是多个小星线并不创新低。

因为满足以上条件的品种比较多，可以补充如下条件进一步筛选过滤，来增强品种的安全性。

（1）5 日均线基本走平最好的是向上翘。

（2）KDJ 的 J 值往上最好的是金叉。

（3）MACD 绿柱缩短或者红柱加长。

4. "2560 战法"左右侧交易的定义

满足前面两个条件称为"左侧交易"；满足前面 2 个条件以后，又满足了后面 3 个条件，即满足了"2+3 条件"，称为"右侧交易"。符合右侧交易的当日买入称为"第一买点"，此后买进的称为"第二买点"。

满足下列条件之一必须要考虑减仓，达到的条件越多越要卖出：

（1）期价远离 25 日均线者或形成"跑步小人"的时候。

（2）J 值在 100 之上或者 J 往下或者 KDJ 顶背离的时候。

（3）K 线在前一波高点附近的时候。

（4）期价强势拉升之后不创新高的时候。

（5）K 线在重要的均线附近的时候。

（6）K 线在筹码密集区或者平台位置的时候。

（7）5 日均线跟 60 日均线或者 120 日均线金叉的时候。

5. 简单适用的卖出技巧

（1）赚 3 个点左右就应该卖出。

（2）持品种上涨 3 天就应该卖出。

（3）由买入决定卖出。

（4）大盘有风险的时候就应该卖出。